古典文獻研究輯刊

三七編

潘美月・杜潔祥 主編

第40冊

散見明代墓誌地券輯錄二編

周 峰 著

國家圖書館出版品預行編目資料

散見明代墓誌地券輯錄二編／周峰　著 -- 初版 -- 新北市：花木蘭文化事業有限公司，2023〔民 112〕

目 6+190 面；19×26 公分

（古典文獻研究輯刊　三七編；第 40 冊）

ISBN 978-626-344-503-1（精裝）

1.CST：喪葬習俗　2.CST：中國

011.08　　112010537

古典文獻研究輯刊

三七編　第四十冊　　ISBN：978-626-344-503-1

散見明代墓誌地券輯錄二編

作　　者　周　峰

主　　編　潘美月、杜潔祥

總 編 輯　杜潔祥

副總編輯　楊嘉樂

編輯主任　許郁翎

編　　輯　張雅淋、潘玟靜　美術編輯　陳逸婷

出　　版　花木蘭文化事業有限公司

發 行 人　高小娟

聯絡地址　235 新北市中和區中安街七二號十三樓

電話：02-2923-1455／傳真：02-2923-1452

網　　址　http://www.huamulan.tw　信箱　service@huamulans.com

印　　刷　普羅文化出版廣告事業

初　　版　2023 年 9 月

定　　價　三七編 58 冊（精裝）新台幣 150,000 元

散見明代墓誌地券輯錄二編

周峰 著

作者簡介

周峰，男，漢族，1972 年生，河北省安新縣人。中國社會科學院民族學與人類學研究所研究員，歷史學博士，博士生導師。主要從事遼金史、西夏學的研究。出版《完顏亮評傳》《21 世紀遼金史論著目錄（2001 ～ 2010 年）》《西夏文〈亥年新法·第三〉譯釋與研究》《奚族史略》《遼金史論稿》《五代遼宋西夏金邊政史》《貞珉千秋——散佚遼宋金元墓誌輯録》《談金：他們的金朝》等著作 22 部（含合著），發表論文 100 餘篇。

提　　要

本書為《散見明代墓誌地券輯錄》的第二編，共收錄明代的墓誌、地券 99 種，其中墓誌 93 種，地券 6 種。每種墓誌地券內容包括兩部分：拓本或照片、錄文。拓本及照片都來源於網路，部分沒有公開發表過。墓主大部分為不見經傳的普通百姓，為我們瞭解明代民眾的生活提供了第一手的寶貴資料。

目次

凡　例

凡　例

一、本書所收明代的墓誌、地券，拓本及照片都來源於網路，大部分沒有公開發表過。

二、本書內容包括墓誌地券拓本或照片、墓誌地券錄文。

三、所收墓誌地券皆另行命名，以避免原題繁瑣缺名的情況。墓誌地券原題皆在錄文中出現。

四、錄文採用通行繁體字，對於字庫中有的繁體字異體字徑直採用，字庫中沒有的繁體字異體字則不再另行造字，徑用通行繁體字。墓誌中現在通行的簡體字徑用原字。個別俗字一律改為正體。筆劃上略有增減的別字一律改為正體。

五、原字不全，但能辨明者，在該字外加框。殘缺不識者，用缺字符號□代替。錄文每行後用分行符號／表示換行，文尾不再用分行符號。

六、墓誌地券原來的行文格式不再保留，徑用現行文章體例。

七、墓誌地券排列順序以墓主卒葬日或刻石日前後為序。

散見明代墓誌地券輯錄二編

一、唐氏墓誌　洪武八年（1375）三月十三日

額正書：李母孺人唐氏墓誌

唐自先世居于新淦之北登賢鄉杞村之赤路，父復／亨，鄉以善稱。先妣唐氏生前元皇慶甲寅五月二十／八日酉時，至元乙亥歸配于先考思齊。生男三人：長／天祐，娶坑下謝氏；次天真，娶丹坪劉氏；幼官保。女二／人：長二娘，配本里唐啓高；次三娘。先考號齊軒，諱思／賢，生於前元延祐乙卯十月二十六日亥時，／大明洪武辛亥二月十四日，以疾終，享年五十六歲。／塟于盧坑石山之原。明年三月兄室謝氏死，五月內／兄天祐死。先妣洪武乙卯二月十八日以微疾終于／正寢，享壽六十有一歲。三月十三日癸酉，扶柩歸塟／于本里聶家坑之原，作亥山巳向，以爲宅兆。天祐生／孫男一，趙関孫。女二：春娘、翁娘。嗚呼！生不逢辰，遭罹／喪乱，父沒母亡，永失怙恃，其又何言。是用誌歲月于／石，以納諸壙。／

孤哀子李天真、官保泣血百拜書。

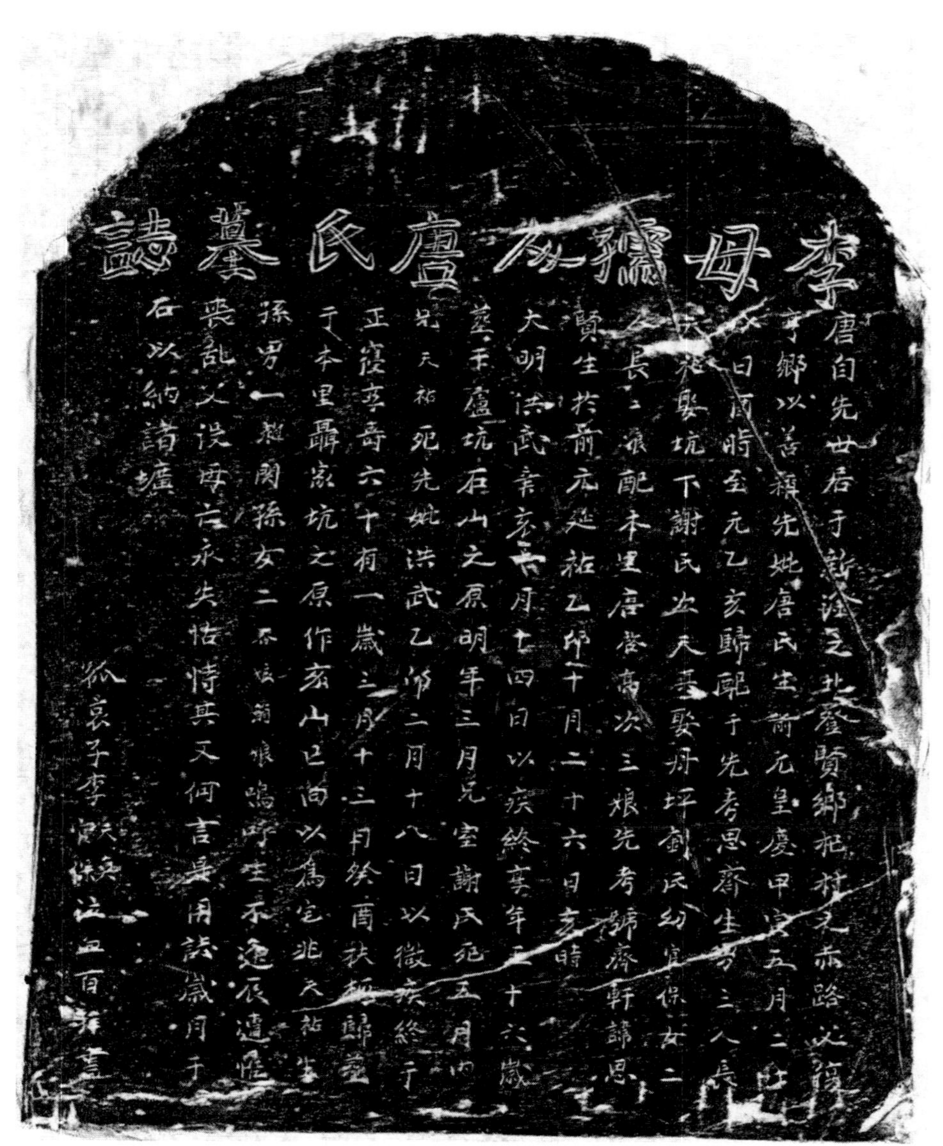

二、廖妙玉墓記　洪武十九年（1386）十二月十四日

額隸書四行：故廖／氏周／孺人／墓記

孺人姓廖氏，諱妙玉，世居臨川長樂之石岡。曾大父諱／紹軒，大父諱茛詳，父諱鈞煜。母周氏，孺人其長女也。言容婉娩，性行洣恭。教令不出扵閨門，忿懥不形扵顏色。／相夫君事無專制，睦親族庭無間言。宜為君子配焉，郷／黨則焉。正謂新庐苟完，益光家道。撫諸幼，集成母儀。不／聿暴病，下機輟織，昏寢不言。子婦呌號，倉皇失措。求醫／甫至，藥未及口而卒。閭里驚悼，莫不走哭。嗚呼哀哉！天／胡賦之懿徳而不延之上壽，何忍是乎！孺人生於至元／辛巳六月二十日，歿扵洪武甲子四月二十八日，享年／四十有四。子男四：長曰朔，娶吳氏；次曰望，娶吳氏；季曰／既，諦李氏；曰季生。女綉姑。孫保生。俱幼。謹以洪武十九／年十二月十一日丙申，奉柩葬于同郷烏石之原，其地／坐乾亥向巳巽，里人陳寅書石以為銘曰：／

坤徳柔順，婦道肅雍。天嗇其壽，卒焉而終。佳城安厝，烏／石之原。刻銘紀實，徽音永傳。／

洪武十九年十二月十四日，哀子朔、望、既、季生泣血立。

三、姚氏壙記 永樂十一年(1413)十二月

陳母姚氏壙記/

壙之有記，示不忘也。蓋子之葬其親，可不置記於壙以徵諸後哉。金/川南塘陳母姚氏孺人乃陳君長仁之配，同邑歷山姚君孟村之次女也。生有淑質，全貞靜純一之德，敦慈惠柔順之行。事舅姑盡其孝/敬，待長幼盡其和睦。而長仁不幸先數載卒，孺人誨諸子，撫弱孫，遇/孥僕，親親睦隣，恩意篤厚，靡不周遍。不幸罹於非橫之辜，籍發盧龍，/至滄州長盧，囙疾竟終天年。次男俊奔喪南歸，卜以癸巳臘月二十/五日葬于五十都垣塘之原，作子山午向，以為宅兆也。孺人生於丙/午六月十九日子時，終於癸巳五月十二日，享年四十有八。子四人：/長曰顯，娶塔溪鄒氏；次曰威，娶同里曾氏；三曰俊，娶江墟江氏；四曰/先壽，未娶。女一人，淑榮，適同邑湖東周蘭為妲。孫男五人：曰繼元、應/龍、安寧、延慶、延鳳。孫女一人，康寧。嗚呼！人生於世，生寄死歸，理之常/也。既死而葬，立記於壙者，使後千年陵遷谷變，子孫皆知所自而不/忘也。況乎母之懿範賢行又可湮乎！遂記此以發潛德之幽光云爾。/永樂癸巳冬十二月日，孤哀子陳顯泣血立。

陳母姚氏壙記

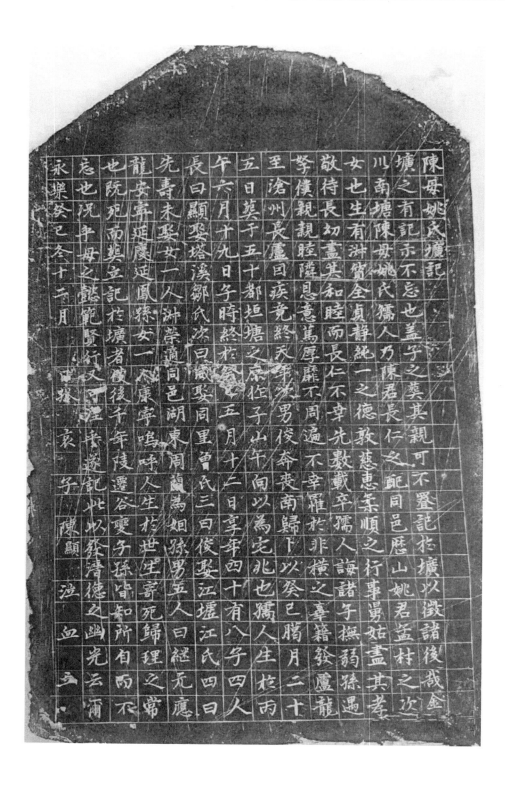

壙之有記，示不忘也。蓋子之葬其親，可不豎記於壙以徵諸後哉？金
川南塘陳母姚氏孺人，乃陳君長仁之配，同邑歷山姚君孟村之次
女也。生有淑質，全貞靜純一之德，敦慈惠柔順之行。事舅姑盡其孝，
敬待長幼盡其和睦。而長仁不幸先數載卒，孺人誨諸子，撫弱孫，遇
挈僕，親親睦隣，恩意篤厚，靡不周遍。不幸罹於非橫之辜，籍發盧龍，
至滄州長蘆，因疾竟終天年。[illegible]男俊奔喪南歸，下以癸巳臘月二十
五日葬于五十都垣塘之原，在子山午向，以為宅兆也。孺人生於丙
午六月十九日子時，終於癸巳五月十二日，享年四十有八。子四人：
長曰顯，娶塔溪鄒氏；次曰斌，娶同里曾氏；三曰俊，娶江堰江氏；四曰
先壽，未娶。女一人，淑榮，適同邑湖東周蘭為姻。孫男五人：曰繼元、應
龍、安寧、延慶、延鳳。孫女一人，康寧。嗚呼！人生於世，生寄死歸，理之常
也。既死而葬，立記於壙者，欲後千年陵遷谷變，子孫皆知所自，而不
忘也。況乎母之懿範賢行，又可湮乎？遂記此以發潛德之幽光云爾。
永樂癸巳冬十二月　日孤哀子陳顯泣血立

四、唐賢墓誌　宣德元年（1426）

誌蓋篆書四行：明故武畧／將軍蘇州／衛千户唐／公之墓

明故武畧將軍、蘇州衛千户唐公墓誌銘／

商巖傅石泉撰。／

公諱賢，字嗣忠，姓唐氏，常州宜興人也。大父貴，贈武畧／將軍、副千户。父興，武畧將軍、蘇州衛左所世襲副千户。／母宜人俞氏。公姿秀頴悟，不局見聞，讀書達大義。視古／人才行恢廓、忠節照後世者，慕之曰：「丈夫當是為也。」事／親以誠愛，撫下以嚴慈，交朋友以信義。年始冠，即若老／成人。洪武甲戌，父歿，襲厥職，領事一不苟為。暇輒理弓／矢，率彀騎比藝，探討兵家之言，它事不近也。能善坐，作／擊刺之法。常目誦：「吾必以此酬／國家恩，取奇功，聲問吾門也。」永樂丙戌，從大將軍征交趾。丁／亥年五月二十五日，以疾歿，享年三十有二。娶王氏，／封宜人。生子男四：曰瑄，襲父職，蘇州衛左所世襲副千户，娶朱／氏；次曰璘，襲前職，俱以疾辭世；曰瓊，襲武畧將軍、蘇州／衛左所世襲副千户，娶李氏，蘇州衛中所千户李忠之／女；曰璵，不幸而逝。女一人，淑安，亦辭世。壬辰年四月初／十日，葬宜興五賢鄉二十九都都山之原。瓊卜宣德丙午，／迁葬于蘇州府長洲縣二十四都陳公鄉之原。瓊以／前事請銘拎予，銘曰：／

志之匪雄，何烈烈者之是從；行之匪崇，何璅璅之寡／同。嗟乎！其終銘以鳴厥志。

中吳章敬刊。

明故武略
將軍蘇州
衛千戶唐
公之墓

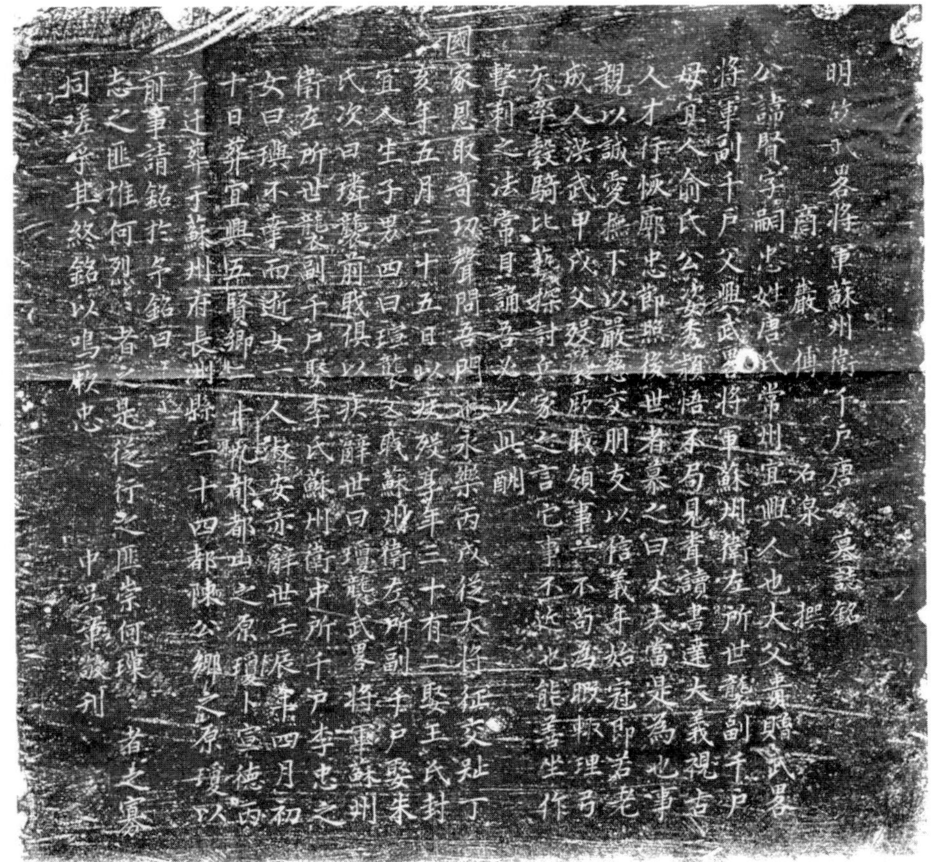

五、羅江王妃趙氏壙誌　宣德三年（1428）十二月十二日

額篆書四行：羅江／王妃／趙氏／壙誌

大明故羅江王妃趙氏壙誌／

宣德三年冬十有一月二十九日，羅江王妃趙氏薨。訃聞，／皇帝厚加卹典，自／皇太后、皇后、皇太子咸遣官致奠。以次年冬十二月十二日，卜／塟于成都府華陽縣李村山之原。趙氏，故名族而妃，成都／府新繁縣學訓導趙弼第二女也，選為羅江王妃。宣德二／年六月十九日，受／冊命妃。生有淑質，閑於姆訓。自幼悅詩書圖史，而於《列女傳》、／《女誡》皆能記誦。暨来嬪，動循軌範，承夫以順，逮下以恩，惟／善是行。方期同享榮貴，而才踰朞歲，奄忽薨逝，壽止二十／歲，豈非命歟！豈非命歟！銘曰：／

生于令族，嬪于王家。榮貴已盛，而壽不遐。／李村之原，土堅且厚。刻銘其中，用垂不朽。／

蜀府紀善、迪功郎臣鍾子完譔，／蜀府良醫正、迪功郎臣鈕豫書丹并篆額。

羅江王妃趙氏壙誌

大明故羅江王妃趙氏壙誌

宣德三年冬十有一月二十九日羅江王妃趙氏薨訃聞
皇帝厚加䘏典自
皇太后皇后皇太子咸遣官致奠以次年冬十二月十二日卜
塟于成都府華陽縣李村山之原趙氏故名族而妃成都
府新繁縣學訓導趙弼第二女也選為羅江王妃宣德二
年六月十九日受
冊命妃生有淑質閑於姆訓自幼悅詩書圖史而於列女傳
女誡皆能記誦曁来嬪動循軌範承夫以順逮下以恩惟
善是行方期同享榮貴而才踰朞歲奄忽薨逝壽止二十
歲豈非命歟豈非命歟銘曰

生于名族　嬪于王家　榮貴已盛　而壽不遐
李村之原　土堅且厚　刻銘其中　用垂不朽

蜀府紀善廸功郎臣鍾子完撰
蜀府良醫正廸功郎臣鈕豫書丹并篆額

六、蜀僖王朱友壎壙誌 宣德十年(1435)三月十三日

額篆書四行:大明/蜀僖/王壙/誌

明蜀僖王壙誌/

王諱友壎,蜀悼莊世子之季嫡子,獻王之孫,靖王之/弟也。母妃劉氏,永樂七年二月十九日生,二十二年/十月十一日冊封為羅江王,妃趙氏。宣德七年九月/二十日,襲封為蜀王。王淳厚端淑,言動率禮,未甞有/過。甞患風疾,既愈矣,九年復作,遣人馳奏,/上亟命醫往視。閱月,復奏疾加,特遣太監昌盛以御醫盛/起東馳視。既行,而訃音至矣。其薨以是年六月二十/一日,享年二十有六。/上聞訃震,悼輟視朝三日,遣永康侯徐安往祭,賜謚「僖」。命/有司治喪葬,以宣德十年三月十三日葬拎成都府/華陽縣積善鄉正覺山之原。嗚呼!王為/帝室至親,早嗣爵位,秉德循禮,宜享福永久,而遽至大故,/非命也耶!謹述大槩,納之壙中,用垂不朽焉。謹誌。

七、周洲新壙誌　正統十一年（1446）三月十七日

洲新壙誌／

新本常熟田家女也，宣德十年，接見於余。時余戍鎮海，賴其奉／事之力者十易寒暑。又以余老無嗣，取吾亡室胡氏之幼姪女／妙善字養之，庶幾以託終身守墓之計。正統之十，余年六十有四，／當春夏之交，俄遘厲疾，幾死。新憂感成疾，四閱月而殂，為是／年之十月八日也。距其生永樂癸巳四月三日，年僅三十有三。／卜以明年三月十有七日，瘞其骨于吾室之側。余既悲其為我／而死，又追念其平生之志，乃為歌以哀之曰：

噫！惟汝家于烏目／之西兮，其氏為周方九齡。而義養于陸兮，又十四而從吾于婁。／時余齒居百之半而又四兮，紛白雪其盈頭。汝能弗以枯楊之／荑為芥蒂兮，安命分而曾無怨尤。痛吾抑而癢吾搔兮，飢我食／而寒我裘。以余後之寂寥兮，畜幼息而誓以守吾松楸。嗟鳥飛／而兔走兮，瞬息頃而十越春秋。柰天命之不與兮，志雖銳而莫／酬。遭余時之不利兮，抱疾疢而幾乎一週。孰謂汝之慼而廢其／寢食兮，竟伏枕而弗瘳。雖顛沛而心弗為之亂兮，所云云者無／非善後之謀。感吾生之既邁兮，方仗汝以遂其優游。胡為棄我／而逝兮，忍不能為數載之留。豈吾不德而致汝於斯兮，抑而壽／之不脩。彼里閭之知與不知兮，莫不為之涕流。矧余感汝義之／誠切兮，痛曷時而可休。瞻鹿城之故原兮，為吾母之樂丘。汝其／從吾室而後先兮，侍吾母而仙遊。惟汝事之既畢兮，我亦免夫／身後之憂。苟素行無愧而可樂兮，夫何間乎明幽。俟予命盡／而為九泉之歸兮，會一笑而相求。長歌之悲過於慟哭兮，我恨／悠悠。嗚呼汝新兮，其知此否。嗚呼汝新兮，其知此否。歌已，遂刻／于石，以誌其壙云。崑山龔詡譔。

[illegible]新壙誌
新本甯熟田家女也宣德十年接見於余時余戍鎮海賴其[illegible]
事之力者十易寒暑又以余老無嗣取吾亡室胡氏之幼姪女
[illegible]吾字養之無幾以託終身守墓之計正統之十余年六十有
四當春夏之交餓遘厲疾幾死新憂感成疾四閱月而殂為是
年之十月八日也距其生永樂癸巳四月三日年僅二十有三
丁以明年三月十有七日瘞其骨于吾室之側余既悲其為我
而死又追念其平生之志乃為歌以哀之曰噫惟汝家于烏目
之西兮其氏為周方九齡而義養于陸兮又十四而從吾于費
時余齒居百之半而又四兮紛白雪其盈頭汝能弗以枯楊之
羨為荇帶兮安命分而曾無怨尤痛吾都而瘥吾搔兮飢我食
而[illegible]我裘以余後之寂寒兮蓄幼息而誓以守吾松楸嗟烏飛
而[illegible]走兮瞬息頃而十越春秋柰天命之不與兮志雖銳而莫
酬運余時之不利兮抱疾疢而幾乎一遇孰謂汝之感而瘵其
寢食兮竟伏枕而弗瘳雖顛沛而心弗為之亂兮所云云者無
[illegible]吾後之謀感吾生之既邁兮方仗汝以遂其優游胡為棄我
[illegible]兮恐不能為數載之留豈吾不德而致汝於斯兮抑而壽
之[illegible]惜彼里閭之知與不知兮莫不為之涕流紛余感汝義之
[illegible]幼兮痛曷[illegible]休瞻鹿城之故原兮為吾母之樂丘汝其
[illegible]吾室而後先兮侍吾母而仙遊惟汝事之既畢兮我亦免夫
[illegible]後之憂苟去行之無愧而可樂兮夫何問乎明[illegible]俟余命盡
而為九泉之歸兮會一笑而相求長歌之悲過於慟哭兮哉恨
悠悠嗚呼汝新兮其知此否嗚呼汝新兮其知此否歌已遂刻
千石以誌其壙云崑山龔詡譔

八、吳氏墓誌　正統十二年（1447）十二月十八日

明故孺人吳氏墓誌銘／

賜進士第、大中大夫、河東都轉運使、前户部郎中眷末周南李釗撰文。／

賜進士第、中順大夫、致政湖廣德安府知府同郡張澍書丹。／

賜進士出身、中憲大夫、蘇州府知府、前監察御史同郡史簡篆蓋。／

洛陽七品散官喬君經之配吳氏以弘治戊午閏十一月二十一日無／疾而終于家，距其生正統乙丑十一月二十五日，淂年五十有四。卜是／年十二月十八日祔于邙山喬氏祖塋。先期，其子庠生淮纍然重服持／状躋門泣而請曰：「淮不肖，叨游郡庠，粗知禮義。今母年未老而遽卒，恨／無以顯親揚名，不孝之罪無所逭。然圖扵不朽者，惟勒石垂後耳，顧丐／一言以為吾母幽泉之賁。」余與喬門有婚姻之好，巨弗獲辭。按状，吳氏／爲洛之望族，南皮縣丞瑛長女也。孝敬慈惠，出于天性。容儀静莊，女紅／精緻。父母愛之而難其歸，適喬君擇配之期。喬君乃夏縣學諭、贈兵部／郎中昇之子，蜀藩叅議縉之弟，幼承父兄之訓，藹然有詩禮之凮。用是，／遂許其聘。及其既歸，孝扵舅姑，順扵夫子，和扵娣姒，而中饋之事尤為／脩潔。且平居寡言笑，謹出入，教子以公，不溺扵愛。舉族長幼，皆淂其懽／心焉。宜躋上壽，僅止扵此，聞者莫不鷰然。子男二：長即淮，娶錢氏；次曰／江，亦業儒，聘孫氏。女一，字余之仲子滢。孫男二：長天騏，聘李氏；次天麟。／孫女一。俱尚幼。銘曰：／

吁嗟孺人，懿且莊也。結褵君子，胤其良也。婦儀克脩，母道光也。／天胡不憖，溘然亡也。峩峩新阡，邙之岡也。刻辭□堅，示不忘也。／

劉雄鐫。

九、鎮國將軍朱公鑛壙誌　景泰六年（1455）十一月十九日

大明鎮國將軍壙誌／

景泰六年歲在乙亥夏五月二日，鎮國將軍以疾薨于正寢。訃／聞，朝廷遣行人梁矩掌行喪事，督同有司營葬如禮。卜葬有期，／王召教授郭璠撰壙誌，以紀將軍生薨始末之由。臣璠拜手稽首以誌。／謹按：將軍諱公鑛，乃／永興恭憲王第三子，／秦愍王之曾孫，／太祖高皇帝之玄孫。夫人陳氏，將軍之生母也。將軍生於宣德辛亥十月／有八日。正統癸亥三月二十六日，欽蒙／太上皇帝賜誥命，封為鎮國將軍。誥命曰：奉／天承運，／皇帝制曰：朕惟／太祖高皇帝之制，郡王支子封鎮國將軍，所以明疏戚之等，篤親愛之道／也。尔公鑛，乃永興王第三子，年已長成，今封為鎮國將軍，錫以誥命。／尔其益懋忠孝，敦謹禮法，毋驕毋怠，以隆尔家。欽哉！將軍天資篤厚，／孝友秉於天性，雖長富貴中，克盡禮節。春秋方見鼎盛，而遽然以疾／逝薨，內外罔不悲痛，其感於人者如此。將軍娶路氏，／太上皇帝賜誥命，封為夫人，廼陝西咸寧名門真之女也。生二子：長曰誠／淵，甫年八歲；次在襁褓。女二人，未適。／皇上悼念，親／賜祭五壇，其聞喪祭文曰：尔為宗室之親，宜享榮貴，胡不壽愷，遽尔云／亡。訃音来聞，良用嗟悼，特玆遣祭，靈其享之。擇以是年十一月十九／日，葬于鳳棲之原。嗚呼！將軍享年二十有五，平昔篤於孝友，令聞播／揚於人。雖不永年，而德善可稱，顯祖光宗，千載不泯。誌諸幽堂，用垂／不朽焉。／

教授臣郭璠頓首謹誌。

十、熊掌清地券 景泰七年（1456）十二月二十六日

額正書五行：亡父／熊公／掌清／徵士／靈墓

本貫江西道撫州府臨川縣崇德鄉八十一都致教里湖橋田東上保居住，奉／神孝男熊移保，承重孫長孫，孝女月姑，女婿鄧時彥，／孝男婦徐氏、李氏，孝孫男姨婆、寄祖、竅孫、六孫、丑嫂、智孫，／孝孫婦許氏、吳氏、葉氏、熊氏、王氏、龔氏，延女孫榴貞，即日傷念／亡父熊公掌清徵士原命前癸亥年正月十六日辰時受生，不幸拎丙子年七月初一日午時身故，正享春／秋七十四歲。合得年月通利，用到銀錢一會，就／開皇地主陰官贖到陰地一穴，坐落土名本家東厥祖墳傍內安塟。其地坐癸子向丁，有午在內，吉利之兆。東／止甲乙，南止丙丁，西止庚辛，北止壬癸。上止青天，下止黃泉。中止亡人中心下穴，万年塚墓。早／求蔭，福蔭子孫，代代富貴，牛馬成行，禾谷滿。伏／願烏鳳戚戚，秀水來潮。願得牛生金角，馬降眞龍，狗雞生鳳凰之子，鵝生白雁之雛。／子子孫孫，習讀詩書，早登昇駕。／

皇明景泰七年太歲丙子十二月辛酉良利，孝子熊移保泣血。／

牙說人張堅固□，／擔錢人李定度□。

十一、王洪貞墓誌　天順三年（1459）八月二十八日

明封孺人王氏墓誌銘／

賜進士、資善大夫、禮部尚書、兼翰林院學士、知制誥南陽李賢撰。／

賜進士、嘉議大夫、兵部侍郎汝陽郝瑝書。／

賜進士、奉政大夫、通政使司左叅議廣陽趙昂篆。／

孺人王氏，乃監察御史馬文升之母。／朝廷推恩，封為孺人。及其夫惟監察御史，以文升之能官也。方期膺祿養以享遐／齡，而孺人一旦遘疾，竟彌留不起，豈非命耶！文升聞訃，哀毀幾絶。以予鄉人也，／乞銘其墓。按狀，孺人諱洪貞，世家河南之鈞州，處士王志安之次女也。自幼聰／慧，為父母鍾愛。容止閒雅，服飾整潔。凡剪結織紉刺繡之事，不學而能，族黨諸／女咸取法焉。文升之父素有鄉曲之譽，求孺人為配，遂許之。既歸，以婦道自勉。／事舅姑，脩禮節，祗敬不怠，克承志意。夫之前妻所生子貴甫二歲，孺人撫之如／己出，竟至成立。舅姑歿，凡百用情，悲痛踰禮，鄉黨宗族以孝婦稱者無間言。敬／夫如賓，能以順從為事。嘗曰：「治家之術無他，惟勤與儉而已。」於是日夕在念，務／允蹈之。越數歲，生産遂足。至於祀事尤竭誠，酒漿之設，品物之具，必躬必親，／不假于人。處親族以和，無一毫乖戾心。待卑賤以寬，未嘗出惡言以詈之。見孤／貧無依倚者，惻然動情，必賙恤之。諸子俱俊異，孺人謂其夫曰：「人誰無子，必讀／書乃能起家，况數子有可成之資乎！」夫從之，乃遣其子文麟、文升為郡庠生。束／脩之需，或有不給，孺人嘗脱簪珥以助之。親督講誦，每至夜分乃止。遂底成材，／文麟膺貢為太學生，文升登進士第，擢今官。豈但父師勸導之功，實由孺人／誨之所致也。文升在官，孺人與夫嘗以書戒之曰：「汝居風憲之職，務存大體，當／以廉謹立身，勿孤尔父母之所望也。」文升克遵厥訓，遂有聲稱。及受／勑封，鄉人莫不榮之。亦皆殷勤教子，以孺人夫婦為法也。文升嘗出巡湖南代回，便／道過家省視。畢辭之日，人謂孺人必難為懷，乃正色戒之曰：「臣子大節，惟孝與／忠，汝勉之，不可虧也。」更無他言。嗚呼！推孺人教子之志，迨無異於古之所謂孟／母者，雖死何憾。孺人之歿，在天順己卯三月十四日，距生洪武己巳三月十七／日，享年七十有一。子三人：長文麟；次即文升；次文馭。孫男六人：珎、瑋、瓚、璁、璡、璽。／孫女四人，俱幼在室。擇以是歲八月二十八日，葬于州西禁溝原，從先兆也。為／之銘曰：／

世匪無婦，孺人斯良。世匪無母，孺人斯光。夷考淑德，歷歷可指。顧惟

壼儀，宗族／是履。義方訓子，效用于時。遂膺／曠典，鄉人榮之。藍玉森森，惟慶之集。祿養方殷，世鮮能及。冥冥之數，力不可抗。古／稀之上，亦云其長。有幽一宮，允其閒寂。銘勒堅珉，付之窀穸。

十二、文水郡主墓誌 天順四年（1460）四月二十七日

晉府文水郡主墓誌／

晉府文水郡主，／晉定王第五女也。生於永樂八年九月初三日，賦性慈惠，清慎端莊。宣德五年十二月十八日，欽蒙／聖恩加念宗親，初拜／誥命，封為文水縣主。宣德六年正月十五日，下嫁儀賓曹詳。恪盡內助，琴瑟諧和。正統二年二月初七日，復霑／誥命，進封為前郡主。淑德愈著，協相愈勤。以其和睦／宗親，而宗親倍以敬之；表儀閨內，而閨內無不拱從。况儀賓沉重謹信，寬而且仁。見善則／為之必勇，見不善則退之必怯。以賢配賢，不亦宜乎。享壽五十，以天年終，實天順己卯十／月二十三日也。已生子女二人：子曰愷，幼逝；女曰喜源，見配山西都指揮僉事於瑢。庶生／子女九人。子六：曰璽、曰琬、曰琰、曰瓘、曰珎，俱未有室。女三人：曰喜清、曰喜秀、曰喜真，俱／未出嫁。己庶子女共十一人焉，皆有賢德。究其所以，必本於賢母矣。訃音一聞，／朝廷遣內官李本齋捧／祭文諭祭。粢盛豐潔，儀禮咸備。礼部差辦事官楊斌督工造盖，堂寢壮觀，牆垣麗瞻。／多親以次而奠，品儀甚厚。以終之日，二十三日辛未。天順四年四月二十七日，塟拎東郊辛／村之名原。將塟，以狀来請墓誌。嗚呼！賢德／郡主克孝克忠，敬順三寶，垂訓子女，閨內取則。固宜永享遐壽，同賓偕老。而遽止拎／斯，非其命矣。用述其槩，納諸幽堂，垂拎不朽云。／

大明天順四年歲次庚辰四月二十七日墓誌。

十三、徐敬墓誌 天順四年（1460）閏十一月二十八日

故太醫院醫士壽岑先生徐彦敬墓誌銘／

資善大夫、南京吏部尚書致仕蕭山魏驥譔。／

嘉議大夫、太常寺卿致仕東吴夏泉書。／

亞中大夫、廣東布政司右叅政致仕同郡吴惠篆。／

天順四年正月二十六日，太醫院醫士徐彦敬卒于家。將葬之先，其子和以浙／江布政司左叅政陳逑所狀行實致書蕭山儒學教諭王讓，造余弟乞銘諸墓。／余歎曰：「壽岑先生與吾有夙好，然扵義豈可靳其銘乎。」乃按狀，壽岑先生姓徐氏，諱敬，字彦敬，壽岑先生則別號也。上世吴人，系出隋時學士、校書郎徐孝潁／之後。曾大父諱翁，大父諱雲谷，父諱國祥，皆積善行仁，隱德弗仕。母鄔氏，有賢／行。壽岑先生甫八歲，遂知人事。九歲喪母，號泣若長成者。至于成立，從明師／就學，潁悟過人。奉父及繼母顧氏愛敬無虧，事長兄恭順不失後。居親喪，哀毁／逾節。歲時祭祀，必哀哭。孝弟之行，人皆稱之。早年受得舅氏冲虛張公授受内／外科之術，其遇人之疾無不治，治人之疾無不愈。由是名聞朝野，扵時受／徵，入太醫院醫士四十餘載，其聞望益彰。正統丙寅□，先生以年邁封章，請／命優老，歸于故鄉。凢朝使重臣、鄰郡名宦得危疾，莫能療者能療之。吴人抱疾／求治者，遠近復必以壽岑先生是歸。由是，名益聳振，術益神妙。報德詩文多翰／林、搢紳大夫之所作，華編錦軸盈于室案。昔肯構一堂，扁名「壽岑」，翰林學士張／益記其事實。暇則與親友觴詠其間，以樂太平之餘慶。一日，中風疾，呼子和語／之曰：「人年七十者稀，吾以越四歲，壽亦足矣！尔當慎厥躬，勿射利寶，守先業，吾／歿無憾矣。」言訖而終。壽岑先生生扵洪武二十年丁卯二月二十四日，拒卒之／日享壽七十有四。娶鄒氏，名家女也。生男：曰和，娶莫氏；曰剛，娶蔡氏。女四人：妙／寧，適王讓，蕭山教諭是也；妙安，適顧琳；妙真，適高昇；妙端，適傅鏞。孫男曰杲，孫／女曰素清，皆和所生也。側室二人：朱氏生男一人曰瓊，早卒；田氏生女一人壽／寧，適陳潮。卜以是年庚辰閏十一月二十八日庚午，葬扵吴縣十三都胥臺鄉／黄山北村之原。嗚呼！觀壽岑先生之德行，足以稱□人者，可謂無忝所生矣；材／藝足以傳扵世者，可謂不愧所殁矣。其不可銘之也耶！乃為之銘曰：／

忠以事君，孝以事親。業專德裕，著望立身。不愧于天，不怍于人。景□遺／芳，過門恒恘。有子有孫，善継善述。黄山之原，百世安逸。

十四、楊氏地券　天順四年(1460)十二月二十五日

維天順四年歲次庚辰十二月癸酉朔二/十五日丁酉，四川寧川衛前所寓孝義坊居/孝男張恭、張宏伏為妣親楊氏大元命壬申/相八月十一日酉時生，係四川重慶府合州/懷遠里積善鄉基平頭馬頭溪地分生長人/氏。享年六十九歲，天順四年六月十六日/未時在家身故。龜筮協從，卜地於華陽縣積善/里山原吉地為兆安厝。謹用錢九九之數，詣/于皇天父、后土母處書立合同契券，買地一/段。左止青龍，右止白虎，前止朱雀，後止玄武。/內方勾陳，分掌四域。丘丞墓伯，封步界畔。道/路將軍，齊整阡陌。千秋萬歲，永無殃咎。若□/干犯，並令將軍亭長，收付河伯。以於香茶酒/菓，共為信誓。財地交相分付，工匠修營。安厝/之後，永保清吉。見人歲月主，保人今日直符。/故氣邪精，不得干恡。如有侵争，永避萬里。若/違此約，地府主吏自當其禍。塋主內外存亡，/悉皆安吉。急急一如五帝主者女青律令。

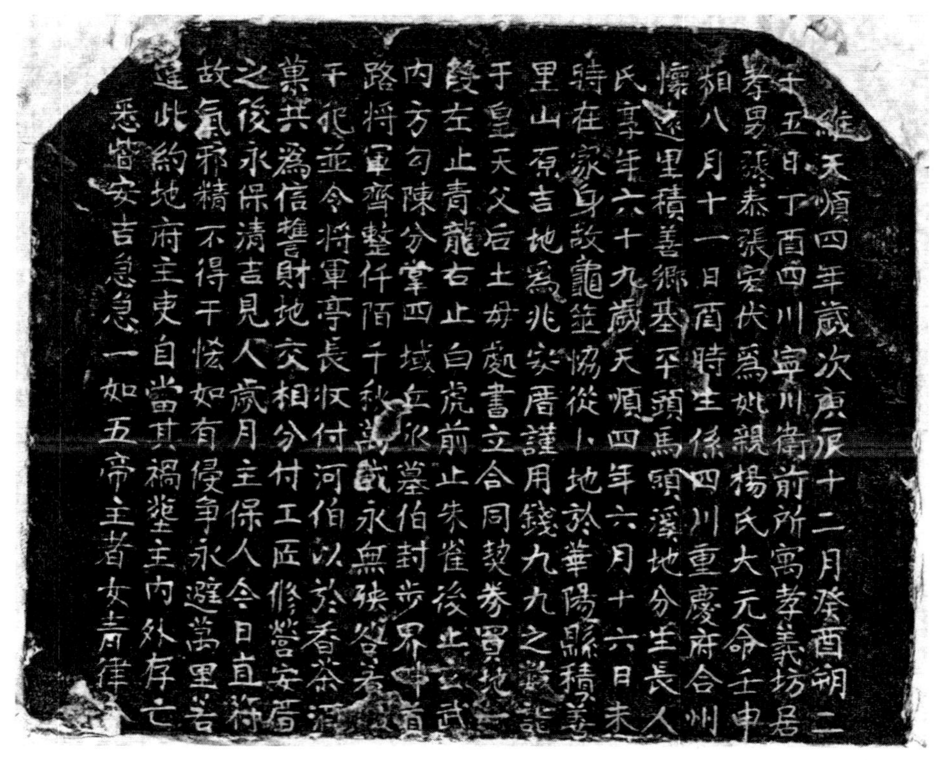

十五、李妙為墓誌　成化五年（1469）正月五日

額正書：故母雷孺人李氏墓誌銘

故母雷孺人李氏墓誌銘／

邑人七十二歲翁吳嘉會撰并書。／

孺人李姓，諱妙為，安寧貴塘子勉公之愛女也。母鄒氏，生孺人於前／乙亥年十二月十伍日夘時。幼有貞姿淑質，雖不涉書史，而生有志／操。年甫笄，歸於延壽嶺頭雷鼎夫。氏足一抵域，以孝事于舅姑，以和／处于長幼。中年，以舊居狹迫，相夫子而拓開別址，傑構高堂而益興／産業，孰不稱鼎夫得賢助也。生男三人：孟曰顒一，娶饒；仲曰顒二，娶／胡；季曰劍四，娶楊。女三人：長適陳；次適傅；幼適何。皆名門賢士也。孫／男：煥一，娶黃；煥二，娶鄒；煥三，娶魏；老乞、法保、福保、冬保、慶保、足保，俱／幼，未締。女孫：玄珎，適鄧；子珍、賢珍、隆珎。延孫男：延孫、昌孫、盛孫，尚幼。／正好歡娛白首，而榮享甘肥。不謂一疾，而遽卒於戊子年十二月初／十日也。享齡七十又四，而未滿百歲，是可惜也。玆卜今己丑年正月／初五日庚申，奉棺葬于七十五都河坊源飯籮墩，其地首乙趾辛，兼／酉三分，為宅兆也。前期，諸嗣噏哀，未暇具状，来請銘於予。予不以老／耄為辞，遂抆淚泚筆而為之銘。銘曰：／

孺人李姓，長嬪雷氏。孝奉舅姑，敬祀祖禰。／克相夫君，善主中饋。動止有常，敬謹循禮。／政尔優游，榮享甘旨。何期薄疾，瞌然長逝。／葬卜河坊，天时地利。蔭玆児孫，百千萬世。／

維大明成化伍年正月初五日良辰，孤哀子雷顒一、二、劍四等泣血立石。

故母雷孺人李氏墓誌銘

故母雷孺人李氏墓誌銘　邑人七十二歲翁吳嘉會撰　并書

孺人李娃諱妙爲安寧青塘子勉公之愛女也母鄒氏生孺人於前
乙亥年十二月十伍日卯時幼有貞姿淑質雖不涉書史而[illegible]有[illegible]
[illegible]年甫笄歸于延壽嶺頭雷鼎夫氏是一於織以孝事于舅姑以和[illegible]
[illegible]于長幼中年以隱居俟迎相夫子而拓開別址傑構高堂而[illegible][illegible]
[illegible]業執不稱其夫得賢助也生男三人長曰顯一娶[illegible]仲曰顯二娶
[illegible]寧四劉四娶楊女三人長適陳次適傅幼適何皆名門賢士也孫
男孫一娶黃孫二娶鄭孫三娶魏老乞法保福保本保慶保廷保俱
幼未歸女孫[illegible]孫適鄭[illegible][illegible][illegible][illegible][illegible][illegible][illegible]孫[illegible][illegible][illegible][illegible]
正好歡娛白首而榮享甘肥不謂一疾而逝卒於戊子年十二月初
十日也享齡七十又四而未滿百歲是可惜也[illegible]卜今己丑年正月
初五日庚申奉柩葬于七十五都河坊[illegible][illegible][illegible][illegible]其地[illegible]乙[illegible]辛[illegible]
園三分爲老兆之前[illegible]諸[illegible][illegible]家來[illegible]其狀來請銘於予予不[illegible]之
老爲銓述秋湄[illegible]筆而爲之銘　銘曰
孺人李娃　長續雷氏　孝奉舅姑　[illegible]祀祖[illegible]
克相夫君　[illegible]主中饋　勤上有常　敬謹[illegible]禮
致爾[illegible][illegible]　[illegible][illegible]甘吉　何期[illegible]疾　[illegible]然長逝
葬卜河坊　天錫[illegible]利　[illegible][illegible]見孫　百千萬世
維大明成化伍年正月初五日良吉孤哀子雷顯二[illegible]四[illegible]泣血立石

十六、上洛縣主壙誌　成化七年（1471）六月十九日

誌蓋篆書三行：大明上／洛縣主／壙誌石

大明上洛縣主壙志銘／

縣主為／保安王嫡長女，／母妃陳氏。縣主生而天性聰慧，容止肅莊，侍／祖母、父母以孝聞。喜讀書，知大義。平居不妄言笑，不尚華飾，且工女事，藻繪穠／華，絺綉密麗，雖良工莫能過。／祖母、父母最鍾愛之。成化己丑年及笄，／王請扵朝，／欽封為上洛縣主。仍命擇所宜歸，乃得申文為儀賓。文實陝西都指揮同知澄之冢嗣也，／朝廷錫之誥命章服，封為亞中大夫，尅日成禮。未及期，而縣主忽以疾逝。訃／聞，上輟視朝，遣內臣賜祭，其詞曰：「惟尔生于宗藩，嘗受榮封，正宜安享冨貴，胡不／永年。訃音来聞，良用悼傷。玆特遣祭以表親親，靈其有知，服玆諭祭。」／中宮賜祭，其詞曰：「惟尔蚤受／恩封，宜享榮貴，胡不永年，一疾而逝。追念親親，特玆遣祭，尔靈不昧，尚其歆享。」復／勑所司擇地脩塋，營造轝堂門樓，喪葬如制。俯／俞王請，／勑准申文原秩，守塋奉祀。／恩至渥也。縣主生于景泰丙子正月廿九日，薨于成化庚寅二月十四日。卜明年／六月十有九日襄事，而塋在咸寧縣洪固鄉珎珠之原。嗚呼！縣主以／帝室之冑，生則茂膺／封誥而貴冨兼隆，薨則優承／恩祭而寵眷稠沓。生榮歿哀，固無遺憾。雖不幸殀殤，未諧伉儷。然有莫之為而為／者，存非智術所能容扵其間也。宜為之銘，銘曰：／

猗歟縣主，三川秀鍾。／徽柔所性，孝敬由中。詩書女工，不習而通。／賜封上洛，寵數優隆。瑟琴未諧，俄殞厥躬。痛切親闈，震悼／九重。既隆禮奠，復建幽宮。生榮歿哀，無愧始終。修短天命，古今所同。卓哉賢譽，庶／幾無窮。／

成化七年歲次辛卯夏六月吉日建。

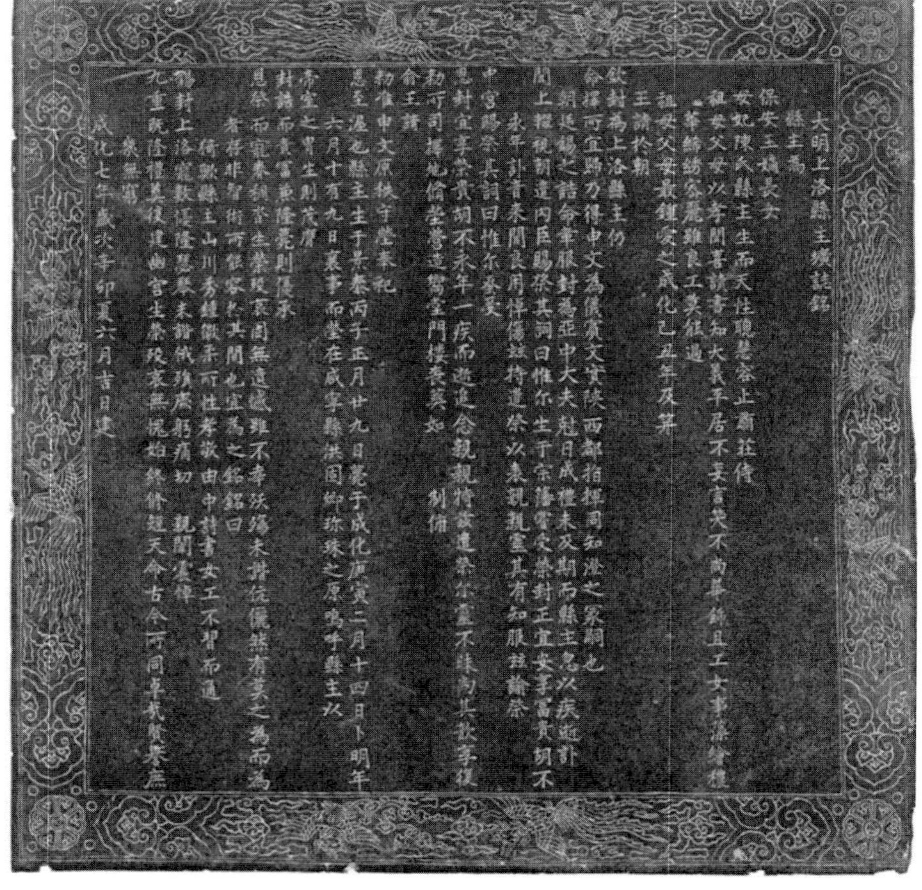

十七、永壽康定王朱公鋌壙誌　成化九年（1473）十一月十五日

大明永壽康定王壙誌／

王諱公鋌，永壽安惠王嫡長子，母妃胡氏。正／統三年十一月十七日建生，成化八年九月／十五日襲封為永壽王。成化九年正月三十／日，以疾薨，享年三十有六。夫人嵇氏，西安右／護衛軍人禎之女，早逝。再娶妃傅氏，西城兵／馬副指揮瑄之女。子庶生子女三人：長曰誠／淋；次女二人，皆未／命名。／上聞訃哀悼，輟視朝一日，遣官諭祭，特謚曰「康定」。／命有司營喪葬如制。在京／親王及文武官，皆致祭焉。以成化九年十一月／十五日，葬咸寧縣洪固原。嗚呼！惟王生長／宗室，為國藩輔，茂膺封爵，富貴兼隆。終于正寢，／夫何憾焉！用述梗槩，刻諸墓石，垂於不朽云。／

成化九年歲次癸巳十一月十五日。／

大明永壽康定王壙誌
王諱公鋌永壽安惠王嫡長子母妃胡氏正
統三年十一月十七日建生成化八年九月
十五日襲封為永壽王成化九年正月三十
日以疾薨享年三十有六夫人嵇氏西安右
護衛軍人禎之女早逝再娶妃傅氏西城兵
馬副指揮瑄之女子庶生子女三人長曰誠
淋次女二人皆未
命名
上聞訃哀悼輟視朝一日遣官諭祭特謚曰康定
命有司營喪葬如制在京
親王及文武官皆致祭焉以成化九年十一月
十五日葬咸寧縣洪固原嗚呼惟王生長
宗室為國藩輔茂膺封爵富貴兼隆終于正寢
夫何憾焉用述梗槩刻諸墓石垂於不朽云
成化九年歲次癸巳十一月十五日

十八、保安莊簡王朱公錸壙誌 成化十二年（1476）九月二日

誌蓋篆書四行：大明宗室／保安莊簡／王妃陳氏／合葬壙誌

大明宗室保安莊簡王壙誌／

王諱公錸，／太祖高皇帝之玄孫，／秦愍王之曾孫，保安懷僖王之孫，悼□王之嫡次子也。母妃／何氏。生拎宣德乙卯三月二十一日，正統丙寅五月二／十五日襲封保安王，享年四十有一。妃陳氏，西安後衛指／揮僉事慜之女。子四：嫡長誠潢，封長子，聘夫人何氏；庶次／誠滌、誠潡，皆封鎮國將軍；誠淯，幼未封。女三：長封上洛縣／主，適儀賓申文；次二俱幼，未封。王薨拎成化乙未九月四／日，訃聞，／皇上震悼，輟視朝，素服一日。即／命禮部遣行人王勉諭祭，／錫謚莊簡。仍／命工部遣觀政進士車明理齎／賜銘旌，并欽天監陰陽人高銘擇地，督同有司營葬如制。在京／親王及文武大臣皆致祭焉。卜今成化丙申九月二日，葬于／咸寧縣高望里鳳棲原／祖陵之側。嗚呼！王生長／宗室，為國藩輔。茂膺封爵，貴富兼隆。終拎正寢，夫復何憾。用述／其槩，納諸幽壙云。／

成化十二年歲次丙申季秋吉日誌。

大明宗室
保安莊簡
王妃陳氏
合葬壙誌

大明宗室保安莊簡王壙誌
王諱公錸
太祖高皇帝之玄孫
秦愍王之曾孫保安懷僖王之孫[illegible][illegible]王之嫡次子也母妃
何氏王生於宣德乙卯三月二十一日正統丙寅五月二
十五日襲封保安王享年四十有一妃陳氏西安後衛指
揮僉事懋之女子四嫡長誠潢封長子聘夫人何氏[illegible]次
誠淥誠激皆封鎮國将軍誠渙幼未封女三長封上洛縣
主適儀賓申文次二俱幼未封王薨於成化乙未九月四
日訃聞
皇上震悼輟視朝素服一日卽
命禮部遣行人王勉諭祭
錫謚莊簡仍
命工部遣觀致進士車明理[illegible]
賜銘旌并欽天監陰陽人高銘擇地督同有司營葬如制在京
親王及文武大臣皆致祭焉卜今成化丙申九月二日葬于
咸寧縣高望里鳳棲原
祖陵之側嗚呼王生長
宗室為國藩輔茂膺封爵貴富兼隆終於正寢夫復何憾用述
其槩納諸幽壙云
成化十二年歲次丙申季秋吉日誌

十九、賈氏墓誌 成化十四年（1478）十月

贈太孺人邢母賈氏墓誌銘／

鄉貢進士、隴西縣儒學訓導昆明周信撰。／

成化十四年九月己巳，中議大夫、贊治尹、陝西鞏昌府知府邢琉之母太孺人賈氏以／疾卒于官舍。既斂殯如禮，卜以是歲十月壬午將歸其喪，祔葬于故里翠雲山之先塋。／遣冢嗣慎之奉狀請銘於予，予辭不獲，遂次其事如左。按太孺人世居河南府洛陽縣／杜村保之一里，曾大父諱成，以文學教授于鄉。大父諱彥明，以子貴，贈太常寺贊禮郎。／太常諱進，即太孺人之叔父也。父諱壽，隱德弗耀。母楊氏，生子男五人，女七人，而孺人／居長。孺人自幼端莊靜一，未嘗涉閫外。父母有命，唯而起，婉娩聽從，弗敢違逆。平居寡／言笑，勤於女事，織紝組紃，咸極精巧。父母喜曰：「此女他日必能大其夫家。」年十九，歸嬪／于同里故贈文林郎知縣邢君文顯。孺人事舅姑如事父母，相夫以禮。處妯娌，待姻族，／款賓恤下，各適其宜。家雖饒裕而自奉儉約，每聞人之貧困，及有喪不能舉婚嫁，不能諧者，／必語于夫，以財周給之，惟恐不及。尤篤于訓子，次子琉生有異質，孺人酷愛之，自／幼不教以他藝，惟令讀書。既長，遣入庠序，從師治經。夜歸習誦，必共燈，親紡績，以助其／勤，常至夜深而不知倦。後琉學有成，領景泰庚午鄉薦。明年，文林君捐館，孺人哀毀幾／絶，而斂含葬祭，皆克盡禮。及終制，輒為之治裝，趣琉上道，赴禮闈會試。復語之曰：「汝不／可以我之故，而懷依依之養，當思顯揚，以慰尔父於地下可也。」琉遂登天順庚辰科王／一夔榜進士，授直隸順德府邢臺縣知縣。三年，得推恩文林君及孺人，俱錫／勑命。未幾，遷太常寺寺丞，尋復超拜令職，乃迎養太孺人於任。時太孺人年已七十有八，龐眉／鶴髮，康強無恙。命服煌煌，人莫不以為榮。太孺人自視欿然，畧無纖芥矜大之色。間嘗／語琉曰：「今之郡守，古之諸侯也。責任非輕，尔宜竭力以圖称。且吾聞仕宦郡邑者，往往以清／慎致遠大，貪墨就顛覆。尔宜知所勸懲，庶上不負／國家，下不負所學。」琉佩服惟謹。蓋孺人治家嚴而有法，歲時祭祀，必先旬月齋戒，至期整肅，／而粢盛牢醴皆親為之。訓飭子孫，未嘗假以辞色。子婦雖貴且盛年，不命坐則不敢坐，／凡事必咨禀而後行。由是，中外肅然。而鞏昌君得以究心職業，所至功蹟懋著，政化大敷，／由孺人之教也。孺人生于洪武三十年十一月十一日，至是享年八十有二。子男四：長曰珉；次即琉；曰玫；／曰瑋。皆早逝。女四，若河南衛千户王信、太學生李誠、錦衣衛總旗楊和、京衛武學教

授張寧，皆／其壻也。孫男六：俊、信，珉所出；慎之、恤之、憓之。孫女二：淑英、淑秀，琉所出。傑，玟所出。嗚呼！婦德以和柔／嚴敬、相夫教子為賢，太孺人盖兼有之。宜乎榮膺褒贈，享有壽考，是不可以無銘。銘曰：／

倚惟孺人，德貞行懿。為婦為母，閨闈矜式。偉哉有子，克振家聲。／爰錫褒贈，存沒光榮。翠雲之山，卜此宅兆。銘以藏之，千古有耀。

二十、楊鼎及妻李氏合葬墓誌　成化二十三年（1487）十一月十九日

誌盖篆书六行：大明太子少／保户部尚書／贈太子太保／謚莊敏十思／先生楊公夫／人李氏之墓

大明太子少保、户部尚書、贈太子太保謚莊敏楊公墓誌銘／

光禄大夫、柱國、太子太保、户部尚書、兼謹身殿大學士、知制誥、經筵官、兼脩國史玉牒青齊劉珝撰。／

翰林院侍講學士、奉訓大夫、兼經筵官、同脩國史長沙李東陽篆。／

奉議大夫、吏部驗封郎中、直文淵閣永嘉姜立綱書。／

公諱鼎，字宗器，號恥菴，别號十思。宣德乙卯，以明經首，鄉解載禮部，復第一，／廷試第二。授翰林編脩，改御史，遷侍講，兼太子中允。陞户部右侍郎，轉左侍郎。陞尚書，加太子少保。四十年間，凡八轉，而位極人臣／矣。成化乙亥，公以老請耆載，／上不欲重違其志，始以／勑賜歸，其畧云：「朕方圖用老成，卿乃引年至載，欲遂閒適，特允所請。夫優老敬賢者，朕之心；執禮養怡者，卿之志；功成身退者，士之榮；／去國懷忠者，臣之厚。卿其念此，庶副朕意。」以驛舟送還鄉，仍命有司月給米二石，歲撥人夫四名備贍用。完璧終始，扵乎榮哉！乙巳／六月十五日，以疾卒于家。訃至，／上悼惜之，追贈太子太保，謚莊敏。命有司諭祭，繕部營葬域。其子時暢持倪學士狀，乞為銘。予于公交甚厚，誼不可辭，按狀云：楊氏其先／陝西華陰人，金兵破潼關，公五世祖欽攜其家遷長安。高祖孝古、曾祖伯安，皆不仕。祖惟敬，以公貴，贈侍郎，加贈尚書。初，值元亂，入／國朝，復籍咸寧，遂世為咸寧人。父森，贈編脩，累贈尚書，如祖官。公少雋異，精神明爽。甫六歲，祖母李夫人口授《孝經》大義，即脫然曉悟／若成人。及長，入補邑庠生。日夜勤苦，書無所不讀，卒以易學取甲科，名海內，侍郎邢簡公之高弟子也。公初試禮部不第，例入監。時／南京祭酒陳敬宗教人甚有法，公以北人入南監，陳雅重之，遂成知己。東里楊先生士奇嘗以歸省還過南京，陳示公所作，東里驚／曰：「此殆有舘閣氣，他日所就，不可量也。」明年，公果以進士及第，授編脩，二公扵是乎知人。既而，／上召內閣大臣，選講讀以下負有才氣者，俾進學東閣，備大用。時得十人，而公居其一。／御製五倫書，公以博學預校勘。書成，獲賜寶楮一千緡。己巳，也先入寇，京師戒嚴，／朝廷命大臣扵諸司慎簡才力老成，可備緩急者，分守要地。公以人望，改御史，得兗州。至則扵民間丁壯選

得五千人，明賞罰，嚴號令，／諭以忠義，而人知有勇。賊平，召還京，仍官編脩。遷侍講，兼春坊左中允。禮部會試天下士，公分考《易經》，時謂得人。尋以才堪經理，陞／户部右侍郎。公拜／命，兢兢如不勝，因以「十思」扁其居，曰「量思寬，犯思忍，先功思讓，坐思下，行思後，名思晦，位思卑，守思終，退思早」。以故蒞政行己，綽／綽有声，罔少墜。／英宗復辟，石亨、陳汝言甚姿肆，出其門者類超遷。公扵二人為鄉里，未嘗一造其門，二人遂銜之。汝言事敗，／上謂近臣曰：「若侍郎楊鼎，本無過，汝言數毀之，獨何心？」其遭／上知遇如此。轉左侍郎，一日，中官牛玉諭／旨，謂「內帑且虛，宜以江南折糧銀收貯實內，而軍官俸銀以他物代折如何」？公從容議之，因以／國家大體，反覆開曉，遂如舊。又以馬牛羊房草缺，欲扵民間復增一二。公曰：「今民間草束已起九分，若更增之，柰困竭何？」無已，當別處／亦止之。／今上即位，躬耕耤田。公以侍郎，預三公九卿，為從耕。釋奠／先師孔子，以大臣八人為分獻，而公又預。又三載，以年勞久任，進尚書。先是，各處歲辦，或責其有扵所無。如山東乾魚、蘇州大蒜、濟南／燈草類，皆非宜。公悉為更定立稅法，所在大稱愿。延綏用兵日久，軍餉不支，起預徵例，民甚苦之。公以黃河為漢唐漕運故道，其間／三門析津雖險，而古人倒倉之法為當。三門以上，有小河徑通延綏。宜以所運各貯水次，遡源儧運，則軍餉庶足而民□□寬矣。入／奏，公欲身自督行，而議者竟沮之。甲午，／皇太子立，公以大臣任重，進兼太子少保。在尚書十餘年，而經畫處置之方無虛日。自編脩至少保，中間寶鏹、金幣、衣服之類，後先／賜賚二十六，而疏以乞休者九。歸閒桑梓，徜徉山水之間又六年。至是卒，享年七十七。卒之日，有雲自東南起，至公之庭，雷大震，公猶／舉手致敬。頃之，雷電交作，大風揚沙折木，忽有聲如破竹然。而公遂絶，嗚呼異哉！配李氏，大理少卿山東武城李畛女，有淑德，累封／夫人。子男五：長即時暢，戊戌進士，改庶吉士，授翰林檢討；次時敷，甲午貢士；時達，國子生；時舒，習舉子業；時新，義官。女三：希淑，適翰／林庶吉士張鈍；希善，適永清衛指揮譚輔；希良，在室。孫男八，女四。公平生所著，有《助費稿》三十卷，奏議五卷，《浮生出處圖說》一卷，藏／于家。以成化二十三年十一月十九日，葬公扵鳳棲之原。銘曰：／

楊氏之先，素以名晦。至公五世，族始云大。士貴科名，得意者鮮。公扵三試，皆以首選。入官翰苑，詞藻爛然。如鶴鳴皋，聲聞于天。改守／近地，王事賢勞。復侍／講筵，名價益高。／皇帝曰都，佐司錢穀。／寵光有加，于厥三族。繼遷上卿，地官尚書。辟彼周行，駕以輕舟。經理有斷，私門罔干。國用以贍，民用以寬。會以／儲立，進秩三孤。鸞停鵠峙，翠竹碧梧。公乃引年，濯水追風。兒孫擁膝，孰與之同。歲適在巳，哲人云亡。悲風滿目，明月空堂。太史書銘，工／青營葬。嗚呼／恩命，照彼玄壙。

二十一、田妙錦墓誌 弘治二年（1489）二月八日

明故王安人田氏墓誌銘/

賜進士出身、奉訓大夫、户部員外郎周南畢孝撰。/

安人姓田氏，諱妙錦，世為洛陽人，龍泉縣尹禎之女，河南衛/百户王俊士奇之配也。自幼柔順貞靜，為父母所鍾愛。方笄，/時父在任，兄未有室，二妹尚幼。凡衣服飲食，惟安人是賴。迨/父致政還洛，適士奇擇配之期，遂聘之。及歸，事舅姑如事父/母，舅姑以孝婦目之，而伯𣏟兄弟亦舉得其歡心焉。其事夫/也順而不阿，其養子也愛而能勞，其遇僕婢也寬而有制。且/平居寡言咲，謹出入，雖親戚罕有見其面者。士奇自代父職/以来，領士卒戍邊者十年。往則衣裳餱糧極其精緻，歸則賓/客酒饌極其豊潔，人皆以為內助得人。後士奇以才行，推舉/軍政在衛。成化甲辰，歲值凶荒，餓殍盈途。士奇奉父母命，多/爲巨坽，斂瘞遺骸，不下數千。時斗粟百錢，家無石儲。士奇慮/雇工弗給，安人即欣然出首飾以畢其事。初有疾，荏苒累歲，/懼廢侍養，懇請舅姑為士奇求側室，待之甚厚，鄉里尤多之。/弘治二年正月十八日，以舊疾卒。距其生正統丁卯，享年四/十有三。子男二：長曰言，娶河東運使李釗女；次曰耕，聘副都/御史畢公孫。女一，曰成善，字百户吕紀子朋。以其年二月八/日，葬于邙山之陽，從先兆也。庠生韓鑌，士奇之私也，深知安/人之賢，爲作行状。予按而誌之，銘曰：/

於惟安人，性柔貞猗。孝事父母，惟色承猗。敬事舅姑，/而心恒猗。順事夫子，內政興猗。宜壽弗壽，斯莫徵猗。

明故王安人田氏墓誌銘
賜進士出身奉訓大夫戶部員外郎周南畢孝撰
安人姓田氏諱妙錦世為洛陽人龍泉縣尹禎之女河南衛
百戶王俊士奇之配也自幼柔順貞靜為父母所鍾愛方笄
時父在任是未有室二妹尚幼凡衣服飲食惟安人是賴迨
父致政還洛適士奇擇配之翻遂聘之及歸事舅姑如事父
母舅姑以孝婦目之而伯姊兄弟亦舉得其歡心焉其事夫
也順而不阿其養子也愛而能勞其遇僕婢也寬而有制且
平居寡言咲謹出入雖親戚罕有見其面者士奇自代父職
以來領士卒戍邊者十年往則衣裳鞋襪極其精緻歸則賓
客酒饌極其豐潔人皆以為內助得人後士奇以才行推舉
軍政在衛成化甲辰歲值凶荒餓殍盈途士奇奉父母命多
為巨埒餘痤遺饑不下數千時斗粟百錢家無石儲士奇處
雇工弗給安人即欣然出首飾以畢其事初有疾荏苒累歲
躬親侍養懇請舅姑為士奇求側室侍之甚厚鄉里光多之
弘治二年正月十八日以舊疾卒距其生正統丁卯享年四
十有三子男二長曰言娶河東運使李釗女次曰耕聘副都
御史畢公孫女一曰成善字百戶呂紀子朔以其年二月八
日葬于邙山之陽從先兆也庠生韓鎮士奇之私也深知安
人之賢為作行狀予按而誌之銘曰
於惟安人性柔貞猗孝事父母惟色承猗敬事舅姑
而心恒猗順事夫子內政興猗宜壽弗壽斯莫徵猗

二十二、王堅墓誌　弘治二年（1489）三月二十四日

額正書二行：王公／墓誌

追爲亡人王堅神道／
弘治二年三月壬子春良日，孝男王禄、王接立。

佛經不録

二十三、唐弘墓誌　弘治六年（1493）十一月十一日

明故千户唐德廣墓誌銘／

承德郎、南京太僕寺丞長洲文林撰并書篆。／

德廣弱冠襲父千户，任官于蘇。未幾載，／誥封武畧將軍，比文階秩下大夫。蘇衛為江南軍衙魁選，地沃而／商貨四集，當天下有道，土木、力役、干戈之擾未嘗聞見于耳目。自主／帥以下及其子弟鮮有不以逸樂多欲，累其身與名。德廣以少年為／美官，事不煩勞而理，上任而下畏服。年始四十，即謝職与事于其子，／日与寮寀或士林遊嬉歌笑。且承祖父餘饒而能不溺於怠荒，俾門／戶不墜，其挺身出于流輩也遠矣！是宜誌而銘之。按狀，德廣諱弘，其字／德廣，别號貽庵，姓唐氏，世為常之宜興人。曾祖興，／國初由邵元帥帰附，從取張士誠，功為諸校先。繼從大將宋國公計迤／北，以功陞龍虎衛百戶。尋陞副千戶，来蘇，因家焉。祖諱賢，永樂初，從／征安南，死寧江口。有三子：曰瑄、曰璘，繼襲而夭；曰瓊，襲兄官，德廣之／父也。母李氏。厥配夏氏，封宜人，百戶夏宗源之女。生二子：長英代職，／未踰年卒，娶韓氏，右都御史承熈之孫；次偉，輸粟為七品散官，娶王／氏，贈工部尚書永和之曾孫。女一，嫁四川按察司僉事劉杲。孫男承／恩，優給于家。德廣生而身榦魁梧，辭氣英發，善持事柄。一軍長貳，莫／能與之爭衍焉。其生正統癸亥二月二十一日，其卒弘治壬子四月／二十六日，其年四十有九。其葬歲癸丑十一月十一日，其塋長洲縣／二十四都陳公鄉。銘曰：／

富久多弛，貴溺多墜。不墜不弛，美君智之陽。長林古色，鬱鬱蔥蒨。肆／君幽宅，爾嗣若孫，宜瞻宜式。

里人章浩鐫。

明故千戶唐德廣墓誌銘
承德郎南京太僕寺丞長洲文林撰并書篆
德廣弱冠襲父千戶任官于蘇未幾載
誥封武畧將軍將軍北文階秩下大夫蘇衛爲江南軍牙魁還地沃而
商貨四集當天下有道士本力役干戈之擾未嘗聞見于耳目自主
帥以下及其子弟鮮有不以逸樂多欲累其身与名德廣以少年爲
美官事不煩勞而理上任而下畏服年始四十即謝職与事于其子
日与寮案或士林遊嬉歌笑且承祖父餘饒而能不溺于怠荒俾門
戶不墜其挺出于流輩也遠矣是宜誌而銘之按狀德廣諱弘其字
德廣別號貽庵姓唐氏世爲常之宜興人曾祖與
國初由邵元帥歸附從取張士誠功爲諸校先繼從大將宋國公計逸
北以功陞龍虎衛百戶尋陞副千戶來蘇因家焉祖諱賢永樂初從
征安南殁寧江口有三子曰瑄曰璘繼襲而夭曰瓊襲兄官德廣之
父也母李氏厥配夏氏封宜人百戶夏宗源之女生二子長英代職
未踰年卒娶韓氏右都御史承熈之孫次偉輸粟爲七品散官娶王
氏贈工部尚書永和之曾孫女一嫁四川按察司僉事劉杲孫男承
恩優給于家德廣生而身幹魁梧辭氣英發善持事梱一軍長貳莫
能與之爭行焉其生正統癸亥二月二十一日其卒弘治壬子四月
二十六日其年四十有九其葬歲癸丑十一月十一日其塋長洲縣
二十四都陳公鄉銘曰
富久多弛貴溺多墜不墜不弛美君智之陽長林古色鬱鬱葱葱肆
君幽宅爾嗣若孫宜瞻宜式　里人章浩鐫

二十四、蜀定王次妃王氏壙誌 弘治九年（1496）十二月二十四日

額篆书五行：蜀定／王次／妃王／氏壙／誌

明蜀定王次妃王氏壙誌／

次妃王氏，成都左護衛中所副千户敏之女。成化九年九月二十日，／敕封蜀定王次妃。弘治七年九月二十九日，以疾薨，享年五十五歲。子五／人，女二人。訃聞，／上賜祭，命有司營葬如制。／聖慈仁壽太皇太后、／皇太后、／中宫、在京／親王、／公主皆遣祭焉。以弘治九年十二月二十四日，葬于大慶山之原。嗚呼！／妃以柔淑選侍宗藩，享有榮貴，遽止於斯也。爰述其槩，納諸幽壙，用垂／不朽云。

蜀定王次妃王氏壙誌

二十五、王俊墓誌 弘治十一年（1498）三月二十五日

明故昭信校尉、河南衛百户王公墓誌銘／

賜進士、大中大夫、河東都轉運使、前户部郎中周南李釗撰文。／

賜進士、亞中大夫、山西布政司左衆政、前户部郎中周南畢孝書丹。／

賜進士、中順大夫、湖廣德安府知府、前户部員外郎新安張澍篆蓋。／

弘治戊午春正月，昭信校尉、河南衛百户致仕王公士奇疾作，臥于洛城西澗水東／之別業。壬子，疾革，舁于城，洛之賢士大夫問疾者門無虛日。越二月乙未，士奇卒，／賢士大夫吊哭者視前而益多。其尤親且舊者，又聚謀其塟。卒之前數日，士奇謂予／曰：「吾與子辱知最厚且親，今不幸至此，敢以誌銘為累。」予泣而諾之。謹按士奇家乘，／王本楊姓，系出陕右高陵，祖忠正統中從戎沙漠有功，進百户秩。紀功者誤以楊為王，／遂因之。父昭，致仕百户。母孫氏，其繼亦孫氏。士奇諱俊，自少精敏過人，畧從師訓，／自能博覽書史，日記千餘言。武經、韜畧、將傳諸書，尤好精專。至扵騎射，特餘事耳。比壯，代父職，率卒往仕宣城，大將周玉、副將江山以書記處之。一切謀計，咸咨訪焉。士／奇議論卓瑰，深達邊情，裨益二公為多。自是春往秋歸，往則撫恤士卒，與同甘苦，且／告以忠君親上之道。帰則奉親色養之暇，即詣詩人周先生端儀出所作，請為推敲。／久而格韻清高，彷彿古作。廵撫河南中丞李公衍素聞其名，成化庚子適當赴操，道／遇李公于盟津，公褰裳與語，留蒞軍政。士奇扵政事必出至公，無毫髮偏黨，軍士／戴之如父母。守備都指揮錢瑾委以捴領城操，往時操練誠為兒戲，且豪猾役占軍士／者十之五六。士奇剗剜宿弊，嚴號令，公賞罰，時操練真若臨敵，無敢犯者。由是，撫按／人皆服其公平。乙巳歲大饑，斗米百錢，／朝廷發內帑官銀賑貸，藩司特委士奇同衛使俵散。時四方流逋雲集，加以大疫，死者／盈庭。士奇捐己財，傭工作巨坑數處，瘗尸數千。嘗稱程子之言：「一命之士苟存心扵／愛物扵人，必有所濟。吾雖小官，且承祖廕，敢不盡其道耶！」弘治壬子，士奇秊纔四十／有四，即引疾告休，以子代職，閒居林下。野服蕭散，性至則吟詠性情，不強為也。郡守、／邑令、衛使、達官咸慕而造其廬。士奇好朋友，喜賓客，輕財樂施，意豁如也。以故，室幾／屢空。至是卒，距其生正統己巳，享年五十。以卒之年三月辛酉，塟于洛城西北邙山／之原，從先垂也。士奇娶田氏，継昌氏，次楊氏。子男四：長言，見任百户，娶李氏；次耕，聘畢氏；其二尚幼。女二：長適百户吕朋；次許御史張文之子，亦幼。士奇孝友慈愛，出扵／天性。事継母如親，事二叔

如父，友繼出二弟及從弟如同母，撫諸弟之子如己子。宗／族鄉黨無異辭焉。嗚呼！士奇有古儒將之風。然在邊無事，在位官卑，懷利器而不得／施，竟終於此。銘曰：／

二氣五行，雜糅不齊。人之有生，或賢而厄。或不肖而遇，亦常理也。／若士奇者，位不踰於一命，年僅止於五十。噫！伊誰之歸，伊誰之歸。／

洛陽袁銘鐫。

二十六、鄧妙英墓誌　弘治十二年（1499）三月一日

額篆書：鎦母鄧氏孺人墓誌銘

明故劉母鄧氏五孺人墓誌銘／

賜進士第、正四品俸中議大夫、／益府長史、前翰林院檢討太倉胡承撰文并書篆。／

孺人諱妙英，南城三十九都霄溪鄧君昌二之女，藍溪／劉孟祥氏之配也。生男三人：長曰南陽，娶王氏；次曰浩／陽，娶何氏；幼曰東陽，未娶。女四人：曰閨璋，適上藍張琳；／曰新璋，適石魁黃新；曰金璋，適霄溪鄧洪；曰銀璋，尚幼。／孺人自歸于劉也，惟孝與順，以承其先，以相其夫；惟禮／與義，以格諸內，以脩諸行。凢所躬行，未嘗有不可稱者。／生於正統丁卯八月二十二日，至弘治戊午十二月初／二日，以疾卒，享春秋五十有二。以己未歲三月初一日／庚申葬于蛟山之原。銘曰：

蛟山鴻龐兮，厥土燥刚。／蛟水清明兮，既曲且長。卜葬於斯兮，日月惟臧。／嗚呼！遺骸雖土而魂則天，奚必永世乎故鄉。

明故鄧氏孺人墓誌銘

明故劉母鄧氏五孺人墓誌銘
賜進士第 正四品 俸中議大夫
益府長史 前翰林院檢討太倉胡承撰文并書篆
孺人諱妙英南城三十九都霄溪鄧君昌二之女藍溪
劉孟祥氏之配也生男三人長曰南陽娶王氏次曰浩
陽娶何氏幼曰東陽未娶女四人曰閏璋適上藍張琳
曰新璋適石嶴黃新曰金璋適霄溪鄧[illegible]曰[illegible]璋尚幼
孺人自歸于劉也惟孝與順以承其先以[illegible]夫惟禮
與義以格諸內以倫諸行凡所躬行未嘗有不可稱者
生于正統丁卯八月二十二日至弘治戊午十二月初
二日以疾卒享春秋五十有二以己未歲三月初一日
庚申葬于蛟山之原 銘曰蛟山鴻麗兮厥土燥剛
蛟水清明兮既曲且長 卜葬於斯兮日月惟藏
嗚呼 遺骸雖土而魂則天 奚必永世乎故鄉

二十七、鎮國將軍朱公鉌壙誌 弘治十四年（1501）十一月十六日

大明宗室鎮國將軍壙誌／

將軍諱公鉌，／永壽安惠王第五子，母夫人劉氏出也。正統／十二年閏四月廿十二日生，天順二年／誥封鎮國將軍。弘治十四年七月初十日以疾薨，／享年五十有五歲。夫人張氏，先卒。繼室李氏。／庶生子一，女二，張氏出也。子誠澆，／誥封輔國將軍，配夫人孫氏。女長封郃浦郡君，配／儀賓閻翰；次封隴水郡君，配儀賓黨秉彝。次／女髫年，未封，楊氏出也。孫女二，夫人孫氏出／也。／上聞訃哀憫，／命有司治喪塟如／制。以是年十一月十六日，合塟于咸寧縣鮑陂里之／□。嗚呼！生爲宗室，五福兼全。生順暝安，夫復／□□□述其槩，納諸幽壙，用垂不朽云。／

□□□大夫、山東布政司左糸政長安李崙譔文，／□□□□、山西道監察御史長安高胤先書丹，□□郎、刑部主事長安孔琦篆盖。

大明宗室鎮國將軍壙誌
將軍諱公鉌
永壽安惠王第五子母夫人劉氏出也正統
十二年閏四月二十二日生天順二年
誥封鎮國將軍弘治十四年七月初十日以疾卒
享年五十有五歲夫人張氏先卒繼室李氏
庶生子一女二張氏出也子誠澄
誥封輔國將軍配夫人孫氏女長封郃浦郡君配
儀賓閻翰次封隴水郡君配儀賓党秉彝次
女齡年未封楊氏出也孫女二夫人孫氏出
也
上聞訃哀悼
命有司治喪塋如
制以是年十一月十六日合塋于咸寧縣鮑陂里之
□子主為宗室五福無全生順殁安夫復
□七其勒納諸幽壙用垂不朽云
□大夫山東布政司左參政長安李崙撰文
□山西道監察御史長安高胤先書丹
□刑部主事長安孔琦篆蓋

二十八、白善墓誌　弘治十四年（1501）十一月二十八日

故豐母封太安人白氏墓誌銘／

賜進士出身、光祿大夫、柱國、少傅、兼太子太傅、户部尚書、／謹身殿大學士、知／制誥、國史總裁、同知經筵事洛陽劉健撰。／

徵仕郎、中書舍人、直內閣、預經筵、兼修玉牒官永嘉趙式書。／

太安人白氏，余婿同邑豐儉之母也。儉成化癸卯河南鄉貢進士，弘／治丁巳四月，／授順天府通判。是年是月，即遣人迎養其父處士君厚、母太安人于／京師。明年六月十五日，處士君乃以疾卒，儉扶柩歸葬洛陽邙山祖塋。／服除赴京，時太安人方康强無恙，懇請同行。太安人不從，第諾以復／職後，遣人來迎。儉至京，得援例贈處士君承德郎、順天府通判，授太／安人今封。僅數月，猶待選吏部，而太安人遽卒于家，辛酉七月十八／日也。儉聞訃悲痛，殆不能勝，數日乃起。將別余南歸，泣請葬銘。處士／君之卒，余既銘之，此復何言。然儉余鄉之賢士，其妻余之賢女也，亦／不得辭。太安人諱善，亦洛人。父諱浩，母王氏。太安人性果毅，天順初，／歸處士君爲繼室。事舅姑以孝，相夫治家以勤儉，紡績等女紅恒倍／他女婦，凡豐氏內外皆稱其賢，處士君甚安之。生二子：長即儉；次曰／儀。處士君先娶張氏，生一子曰盛，太安人撫愛之如一，皆至成立。儉／於諸子尤聰慧，特遣從師受學，長入邑庠，至今官。雖豐氏積慶之有／自，然太安人之教育亦不可誣也。太安人生宣德丁未九月十五日，／距今卒時享年七十有五。孫男一，曰璋。女八。曾孫男二：曰亨；曰亭。以／其卒之年十一月廿八日從處士君之兆。銘曰：／

卜稱善地，邙山之陽。葬從夫兆，日吉辰良。蔭子及孫，豐氏之慶。

故豐母封太安人白氏墓誌銘
賜進士出身光祿大夫柱國少傅兼　太子太傅户部尚書
謹身殿大學士知
制誥　國史總裁同知　經筵事洛陽劉健撰
徵仕郎中書舍人直　内閣預　經筵兼修　玉牒官永嘉趙弌書
太安人白氏余婿同邑豐倫之母也倫成化癸卯河南鄉貢進士弘
治丁巳四月授順天府通判是年十月即遣人迎養其父處士君暨
母太安人于
京師明年六月十五日處士君乃以疾卒倫扶柩歸葬洛陽邙山祖塋
服除赴京時太安人方康强無恙倫請同行太安人不從竊諾以復
職後遣人來迎倫至京得援例贈處士君承德郎順天府通判授太
安人今封僅數月猶待選吏部而太安人遽卒于家辛酉七月十八
日也倫聞訃悲痛殆不能勝數退乃起將别余南歸泣請葬銘處士
君之卒余既銘之此復何言然倫余鄉之賢士其妻余之賢女也亦
不得辭太安人諱善亦洛人父諱浩母王氏太安人性果毅天順初
歸處士君爲繼室事舅姑以孝相夫治家以勤倫紡績等女紅恒倍
他女婦凡豐氏内外皆稱其賢處士君甚安之生二子長即倫次曰
儀處士君先娶張氏生一子曰盛太安人撫愛之如一皆至成立倫
於諸子尤聰慧特遣從師受學長入邑庠至今官雖豐氏積慶之有
自然太安人之教育亦不可誣也太安人生宣德丁未九月十五日
距今卒時享年七十有五孫男一曰瑋女八曾孫男二曰亨曰亭以
其卒之年十一月廿八日從處士君之兆銘曰
卜得善地邙山之陽葬從夫兆日吉辰良蔭子及孫豐氏之慶

二十九、周氏墓誌 弘治十八年（1505）十二月四日

誌蓋正書：大明敕封戴孺人周氏墓誌

孺人姓周氏，南海城北雙井街舊族周晚清次女，生／而貞敬端慤。大明正統十二年，適于廣城紙行街戴／縉。勤儉治家，克相夫子。以夫任監察御史，受／敕封孺人。夫後官至右都御史、工部尚書，俱歷官未滿／三年，不及封□。孺人生於永樂癸卯五月初九日巳／時，終於弘治壬戌五月二十三日，壽八十。子男二：長／曰昊，任應天府通判；次曰昱。女三：長□娘，適官窯耀／子嶺鄒仁；次智娘，適廣城□宜巷陳偕；次鳳娘，在室。／孫男玄悳等七人，女亞實等七人。孺人臨終囑其夫／并子孫曰：「我死之後，慎勿以金銀首飾裝我，恐為我／後患。」瞑目，子孫遵其遺囑，一以香簪系服，並無分毫／金銀首飾裝殮。弘治乙丑十二月初四日未時，塟于／番禺縣鹿□□簸箕堡土名象欄頭松子崗，坐壬丙／向之原。

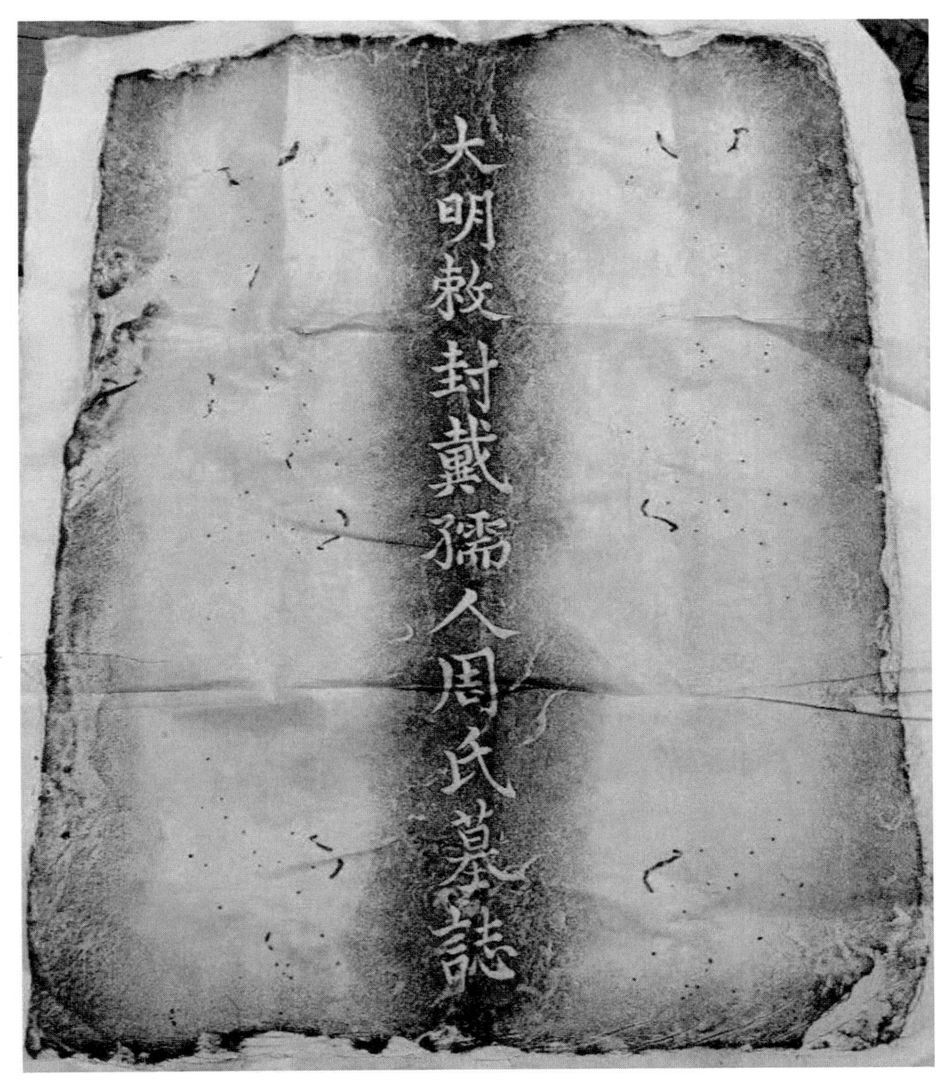
大明敕封戴孺人周氏墓誌

三十、韓淑賢墓誌 正德二年（1507）九月二十一日

誥封樊宜人韓氏墓誌銘／

宜人之未歸吾家也，仁敬敏慧，閑拎女事，為父母鍾／愛，而族黨以閨秀稱。時家君擇吾配，遂定吉禮焉。及／歸吾家也，奉舅姑以孝，處妯娌以和，撫婢幼以慈。一／門尊幼，舉無怨言。吾甞充府庠生，攻儒業，燈火服食，／朝夕勞苦必親。逮吾涖官，事得不廢，尤多內助。居常／以陰騭之說相勸勉焉。吾方謂偕老可期，不意天奪／其壽，僅三十八而止也。嗚呼哀哉！遺孤在室，臺鏡生／塵，觸目傷心，情何以堪也邪！宜人姓韓氏，諱淑賢，仲／良，其字。茂州太守鐸之女，都御史福之妹。諸兄咸以／耕讀治生，盖吾鄉之名門也。生子男四：長永浙，季永／沾，皆幼亡；仲永滬，聘儀賓王彥昭女；次永淳，甫七齡。／女一，玉月，尚在襁抱。紀宜人生拎成化庚寅三月五／日，卒拎正德二年三月一日。是年九月廿一日，葬拎／城南韋曲里先塋之次。顧宜人之懿行不可泯沒，吾／揮涕躬為之銘，刊石用垂不朽。銘曰：／

歸曰冢婦，成家之道矣。／誥曰宜人，承／國之恩矣。德既阜，譽其好矣。子而純，爾若存矣。

正德丁卯秋九月廿一日，武畧將軍、／秦府儀衛司儀正樊殷撰并篆書，／長安葉文舉刊。

誥封樊宜人韓氏墓誌銘
宜人之未歸吾家也仁敬敏慧閑於女事爲父母鍾
愛而族黨以閨秀稱時家君擇吾配遂定吉禮焉及
歸吾家也奉舅姑以孝處妯娌以和撫婢幼以慈一
門尊幼舉無怨言吾嘗充府庠生攻儒業燈火服食
朝夕勞苦必親進吾治官事得不廢尤多内助居常
以陰隲之說相勸勉焉吾方謂偕老可期不意天奪
其壽僅三十八而止也嗚呼哀哉遺孤在室臺鏡生
塵觸目傷心情何以堪也邪宜人姓韓氏諱淑賢仲
良其字茂州太守鐸之女都御史福之妹諸兄咸以
耕讀治生蓋吾鄉之名門也生子男四長永浙李永
沾皆幼亡仲永溫聘儀賓王彥昭女次永淳甫七齡
女一王月尚在襁抱紀宜人生於成化庚寅三月五
日卒於正德二年三月一日是年九月廿一日葬於
城南韋曲里先塋之次顧宜人之懿行不可泯沒吾
揮涕躬爲之銘刊石用垂不朽銘曰
歸曰冢婦成家之道矣
誥曰宜人承
國之恩矣德既阜譽其好矣子而純爾若存矣
正德丁卯秋九月廿一日武略將軍
秦府儀衛司儀正樊鼓撰并篆書
長安葉文舉刊

三十一、謝昇堂地券　正德四年（1509）十二月十日

即有孝男謝建嵩、建瑞買到南／豐縣十都地名棗樹凹塘源耆赤／株嶺，安塟／故父謝公昇堂貞士，附于／宋朝鼻祖迪功郎塋域之左，向作丑／山未，庇蔭子孫永遠者。／

正德四年歲次己巳十二月初十日丁酉立。／

東王公見證，／西王母在傍。／書契青雲道士。

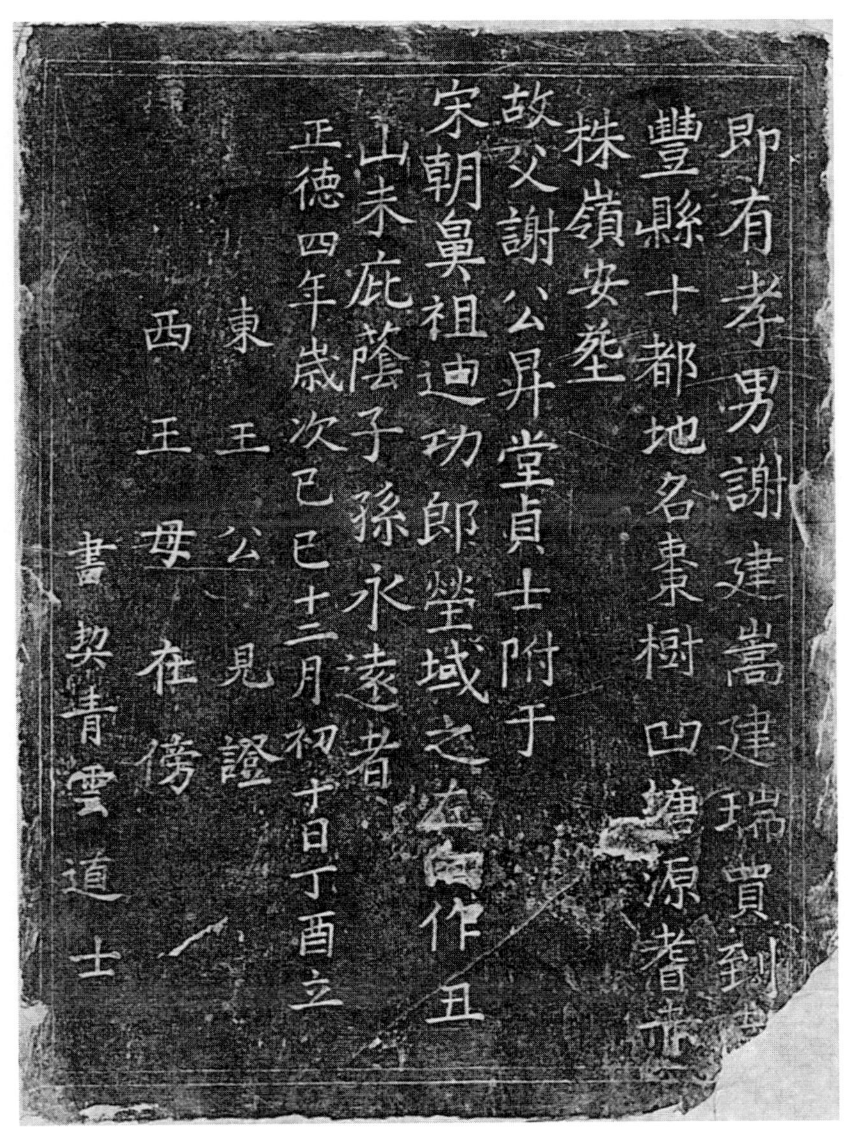
即有孝男謝建嵩建瑞買到南
豐縣十都地名棗樹凹塘源耆赤
株嶺安塟
故父謝公昇堂貞士附于
宋朝鼻祖迪功郎塋域之左向作丑
山未庇蔭子孫永遠者
正德四年歲次己巳十二月初十日丁酉立
東王公見證
西王母在傍
書契青雲道士

三十二、熊允義墓誌　正德五年（1510）十二月

額正書：故熊君允義墓誌銘

公姓熊，字允義，行胜二。世居金谿縣歸德鄉／廿六都，世代仕宦之家也。公生拎正統二年丁巳二月初八日子時，禀受天性，氣質温柔。／不尚浮華，巽言慎行。别後家居，入贅本縣廿／七都罗溪里譚君長四為女婿也。生子一人，／曰法二，蚤年已卒，孫男黑俚。生女曰月姑，配／拎臨川八十五都清溪熊才十三，外甥罗生、／壽保、秋保，女甥鸞姑、救姑。兄譚昌文、弟昌盛。／姪男善孫、谷孫。公享年七十有四，不幸染疾，／终於正德五年庚午七月初四日，是卜本年／十二月日奉柩葬于本里地名上厥山。其地正作向，山朝水拱，大吉兆也。女／婿請銘於予，遂实跡讃歎其石而銘曰：／

生居宦族，天性純然。出贅名家，／分定因緣。交朋有道，處己無偏。／保守身家，慎行謹言。殞非天命，／傷哉可憐。卜葬家山，風水綿綿。／

大明正德五年臘月日，孫譚黑泣血石。

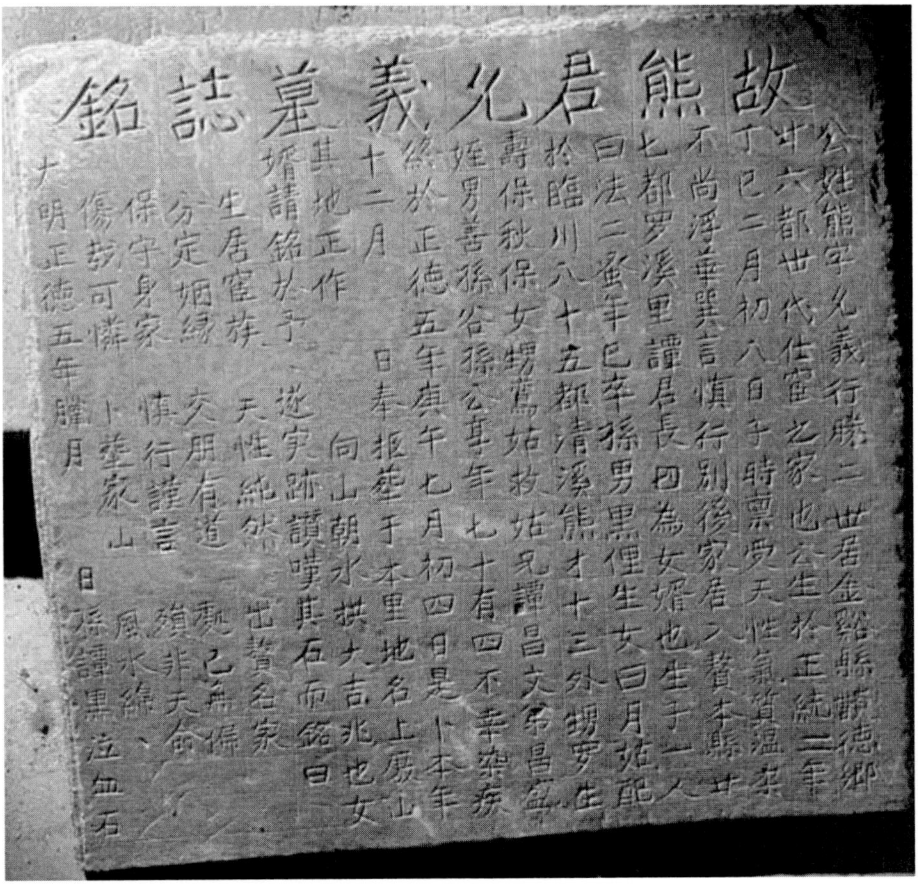

故熊君允義墓誌銘

公姓熊字允義行勝二世居金谿縣歸德鄉
廿六都世代仕宦之家也公生於正統二年
丁巳二月初八日子時稟受天性氣質溫柔
不尚浮華寡言慎行別後家居之贅本縣廿
七都羅溪里譚君長四為女婿也生子一人
曰法二爺年已卒孫男黑俚生女曰月姑配
於臨川八十五都清溪熊才十三外甥羅生
壽保秋保女甥鸞姑救姑孔譚昌文弟昌爵
姪男善孫谷孫公享年七十有四不幸染疾
終於正德五年庚午七月初四日是卜本年
十二月　日奉柩葬于本里地名上廢山
其地正作　向山朝水拱大吉兆也女
婿請銘於予　遂究跡讀嘆其石而銘曰
生居寒族　天性純然　出贅名家
分定姻緣　交朋有道　夙已無偏
保守身家　慎行謹言　殞非天命
傷哉可憐　卜葬家山　風水綿綿
大明正德五年臘月　日　孫譚黑泣血石

三十三、萬貴墓誌　正德七年（1512）十二月二十一日

額篆書：墓誌銘

明故萬公用貴朝奉墓誌銘／

賜進士、文林郎、大夫、巡桉四川御史致仕同邑陳威撰。／

鄉貢進士、浙江處州府府學教授致仕同邑何璧書。／

公諱貴，字用貴，其先杜唐故族子也。父彦誠，母游氏，生公拎正統／己巳年十二月，自幼頴霽。既長，讀詩書，敦古礼，隱拎山林，遯跡立／園。豪傑好義，立志異常。其乃鉄中之錚錚者乎！其乃人中之傑傑／者乎！為邦重郡矦孝其矣，膺充耆老，徳服民情，鄉無余訟。前娶□／氏，生男一。復继室贅拎四十三都城前里王氏，側室余氏，子男八：／長曰海，娶華方胡氏；二曰傅，娶本里曾氏；三曰啓，娶本里余氏；四／曰誠，娶本里鞠氏；五曰永，娶四十三都姜氏；六曰再，娶四十六都／熊氏；七曰□□，娶四十三都鞠氏；八曰壽老，聘四十二都李氏。女／三：長曰錦姑，適羅市徐焯；次曰蓮姑，適撫城蔡誠；幼曰鮮姑，適石／溪丘福。孫男七：長曰時希，娶灌坑徐氏；二曰時旺；三曰朝孫；四曰／毛孫；五曰層孫；六曰佩孫；七曰禄孫。女孫四：長曰鸞珍，適石溪徐；／二曰爱珍，聘灵山張；三曰缘珍；四曰金珍。公不幸拎壬申年十一／月十七日，曰疾沒于正寢，享年六十有三。男曰付哀痛之誠，不容／自已。今年十二月辛酉日，卜葬得吉，安厝于本里龍源山之陽，首戌／趾辰，兼巽三分，從吉兆也。于時干予為銘以賁諸幽。／銘曰：／

生當大明，學以克成。仁義持身，豪傑善名。鄉邑靡寧，／徳厚耆英。順帰泉扃，澤流云仍。信刻维銘，昭昭其灵。／

皇明正德七年歳次壬申冬拾二月廿一日，哀子萬傅泣血立銘。

墓誌銘

明故萬公用貴朝奉墓誌銘

賜進士文林郎大夫巡按四川御史致仕同邑陳威撰

鄉貢進士浙江處州府府學教授致仕同邑何璧書

公諱貴字用貴其先杜應故族子也父彥誠母游氏生公於正統

己巳年十二月自幼穎悟既長讀詩書敦古禮隱於山林遯跡丘

園豪傑好義立志異常其乃鉄中之錚錚者乎其乃人中之傑傑

者乎為邦重郡侯李其兵齊充耆老德服民情鄉無余訟前娶号

氏生男一復繼室贊於四十三都城前里王氏側室余氏子男八

長曰海娶萬方胡氏二曰傅娶本里魯氏三曰啓娶本里余氏四

曰誠娶本里鞠氏五曰永娶四十三都姜氏六曰乖娶四十六都

熊氏七曰[illegible]四十三都[illegible]氏八曰壽老聘四十二都李氏女

三長曰錦姑適羅市徐焯次曰蓮姑適撫城蔡誠幼曰鮮姑適石

溪丘福孫男七長曰時希娶灌坑徐氏二曰時旺三曰朝孫四曰

毛孫五曰曆孫六曰佩孫七曰祿孫女孫四長曰鸞珍適方溪一徐

二曰愛珍聘灵山張三曰緣珍四曰金珍公不幸於壬申年十

月十七日因疾沒于正寢享年六十有三男曰付哀痛之誠不容

自已今年十二月辛酉日卜葬得吉安厝于本里龍源山之陽首

戌趾辰兼巽三分從吉兆也于時予為銘以貢諸幽

銘曰

生當文明　學以克成　仁義持身　豪傑著名　鄉邑靡寧

德厚耆英　順歸泉窩　澤流云仍　信刻維銘　昭昭其灵

皇明正德七年歲次壬申冬拾二月廿一吉日哀子萬傅泣血立銘

三十四、王惠宗壙誌　正德十年（1515）正月十五日

額正書：故父王公錦一居士內壙

公諱惠宗，字顯昂，撫之宜黃南隅之人也。曾祖伯簡，／祖克忠，父恒泰，俱當時之傑士也。母曹氏，亦工部／後息也。公生天順三年己卯九月十九日寅時，娶本／里鄧氏，先卒。生男王清，娶涂氏，孫王爵。女松珠，適譚／坊鄒。繼娶李氏，生男王赤，娶鄧氏。公之於世，賦性温／柔，克勤家業，光前烈後，承祖業而継續猶多。處族以／義，教子以方。領户首，名充萬碩長廿有餘年，上無逋／慢，下無逼迫。鄉人皆感之而不替也。惜乎天之不壽，／享年五十。正德三年戊辰九月廿八日巳時，以疾終／于正寢。是時佳城未卜，權行停柩。擇今正德十年正／月十五日丑時，奉柩塟於仙一都地名余源，正作巽山／乾向，兼辰戌三分。西兊行龍，形為獅子戲毬，正所謂／卜其宅兆而安厝之神之著也。奠安于斯，子孫兴旺，／百千萬禩。故壙銘曰：／

山水清秀，龍虎兩停。／神安於中，福庇後人。／

正德十年乙亥正月十五吉旦，孤子王清、赤泣血立石。

故父王公錦一居士內壙

公諱惠宗字顯昂撫之宜黃南隅之人也曾祖伯簡
祖克忠父恒泰俱當時之傑士也母曹氏乃工部之
後裔也公生天順三年己卯九月十九日寅時[illegible]本
里鄧氏先卒生男王清娶涂氏孫王爵[illegible]諱
坊鄒繼娶李氏生男王赤娶鄧氏公之於世[illegible]溫
柔克勤家業光前烈後承祖業而繼續猶多[illegible]以
義教子以方領户首名充萬碩長廿有餘年[illegible]無適
慢下無逼迫鄉人皆感之而不替也惜乎天之不壽
享年五十正德三年戊辰九月廿八日巳時以疾終
于正寢是時佳城未卜權行停柩擇今正德十年正
月十五丑時奉柩塟於仙一都地名余源正作[illegible]山
乾向巽辰戌三分西兌行龍形為獅子戲毬正所謂
卜其宅兆而安厝之神之著也莫安于斯子孫興旺
百千萬禩故壙　銘　山水清秀　龍[illegible]雨傳
王　曰　神安於中　福庇後人
正德十年乙亥正月十五吉旦孫子王清[illegible]立石

三十五、盧瓘墓誌　正德十年（1515）十一月二十日

明故兵马指揮盧君墓誌銘／

秦府左長史、／誥封奉政大夫、修正庶尹、／賜階正四品、中順大夫汝南強晟譔文。／

秦府右長史、奉政大夫、前／勑授登仕郎、國子監學正稷山梁溥書篆。／

君諱瓘，字汝璧，世為陝西咸寧右族。鼻祖元至正間登進士，進士公四世／生河東尹克讓，河東尹克讓生敏，敏生英，英生本，本生瓘。本以義授承事／郎，配郭氏，繼謝氏，俱有淑行。生二子四女：長即瓘，次則瓚，俱以義授承事／郎，皆郭氏出也。叔祖彬永樂間亦登進士，官至四川左叅議，有文名。君自／少純謹，為父祖所鍾愛。稍長，從父兄遊兩淮，收煑海利。家雖日裕而未甞／有驕態，人稱其長者。弘治七年，有淑女被選／册為臨潼王妃。及／王入繼秦藩，復／冊封為秦王妃。王薨，今稱／秦昭王妃。君初授東城兵馬副指揮，進加承徳郎、西城兵馬指揮。身雖日貴，／又未甞有驕態，益稱之爲長者。且待宗黨有義，處鄉曲有禮，絶不齒官府／得失。良辰霽景，惟日與親故觴詠於草場坡之下，有古人風。於是致政户／書刘公咸樂與之遊，且結為婚姻。則君之徳行可知矣。配長安張氏，有賢／行，封孺人。生二子五女：長名鑾，其所聘者即尚書之長女；次名道存，幼未／聘。女一適藩掾惠應角；一適臬差郭世康；又一則／秦昭王妃也；一適同邑蒲澄；一名尚幼，在室。側室孔氏、張氏，亦有婦徳。孔無／出。同居弟瓚配李氏，生五子三女：曰鋇，娶張氏；曰鏞、曰鎡，聘劉氏、高氏，俱／同邑著姓；曰難兄、曰難弟，少未聘。女一適同邑孫鉞；一今封／保安府鎮國將軍秉棧夫人；一字咸寧牛氏。君生於天順己卯十二月十五／日，終於正徳九年七月十九日，享壽僅五十六。於乎！雖不稱夭而盖亦非／中壽矣。鑾等卜於正徳十年十一月二十日，葬于城南曲江池西南之新／塋，乃拜懇予銘其幽室。予素重兵馬君之為人，甞許其為君子，今則已矣，／可哀也哉！銘曰：

於乎！有若君者醇且實，乃有淑女配王室。耳順之年／猶未及，貴而不壽良可惜。斗城之南卜云吉，君其歸哉永無斁！

長安鄧海勒。

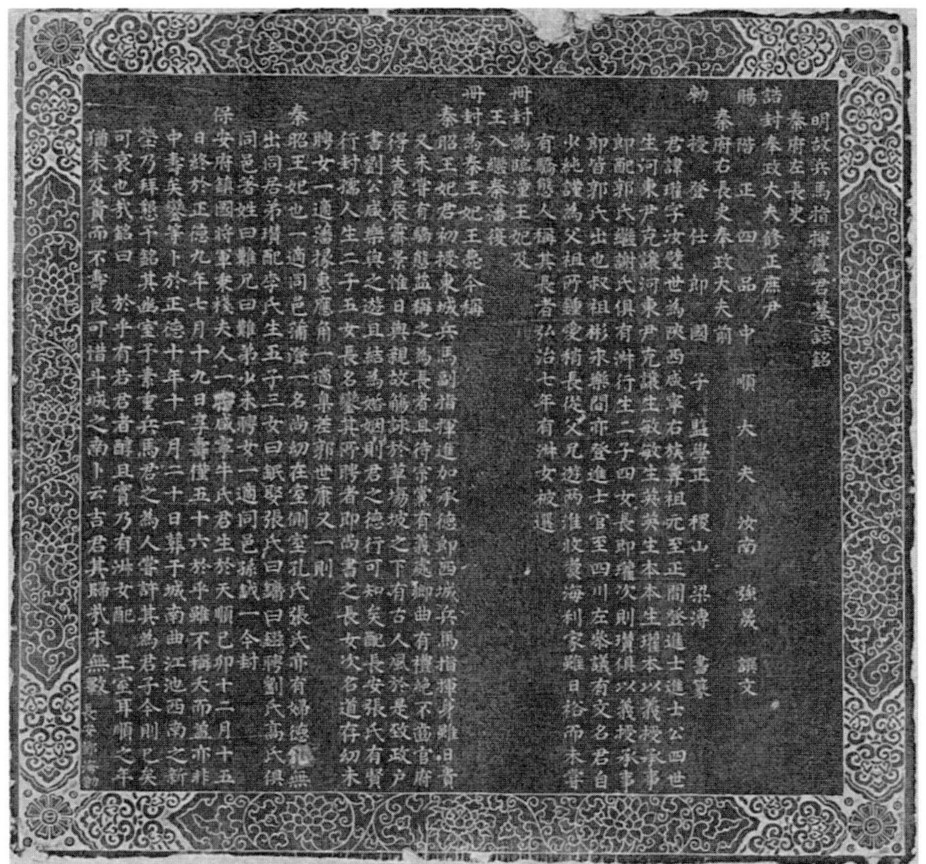

三十六、張逵墓誌　正德十四年（1519）三月三日

誌蓋篆書三行：明故奉直大／夫光州知州／張公墓誌銘

明故奉直大夫、光州知州張公墓誌銘／

賜進士第、大中大夫、河南布政使司右叅政、奉／勑撫治南陽等處地方致仕郡人景佐撰。／

賜進士第、奉政大夫、奉／勑提督安慶等處整飭兵備、河南按察司僉事、前大理寺左寺副郡人郭震書。／

賜進士第、奉政大夫、四川按察司僉事、前山東道監察御史郡人劉成德篆。／

光州知州張公以疾終，時正德十三年十二月十三日也。將葬，其子秉禮輩持庠士／韓國器狀来拜請銘，且泣曰：「惟先君將没，教不肖曰：『吾脫不諱，爾懇景大叅公銘我。』」／是知我者公，以予為知己，恶乎辭。按狀，公諱逵，字九達，世於蒲占籍信昌里。曾大父／得義，大父友諒，皆忠厚長者，隱弗耀。父贇，居鄉尚義，以公貴贈應天府通判。妣樊氏，／有母儀，贈安人。公生而頴異，稍長讀書，日記数千言，為文有奇氣。人多異之，曰：「此國／器也。」入州庠為弟子員，麗澤諸彦益自淬礪，學充德進，領成化甲午鄉薦。明年，南宫／失利，遊成均，友天下士，所養益弘。以肆厄於命，累科弗售。歎曰：「丈夫建功名，奚必執／此一途耶！」即入銓選，為陳留令。廉慎律己，平易近民。吏胥宿弊頓，為之一清。不事／鞭朴，民皆感化。居数載，政平訟理，邑內大治。嘗謁孔子廟，見其敝壞，乃曰：「廟學如是，／何以釋虔妥靈。」謀作新之令，下民皆趨附景從，無敢後者。其年功用告成，士民形於／歌謠，以頌德政。撫按連章薦其能，擢應天府通判。至則左右京府，發姦擿伏，不避強／禦。小民稱便，而豪右数欲陷之。時上下皆知其廉平，卒莫能害也。報政，陞光州知州。／下車求民瘼，有司□不睦□□殘害，前守莫能詰。公悉寘之法，一郡肅然。一日，浩然／思歸，即罷官歸鄉里。公性至孝，事父母承顔色，不少違志。洎没，哀毀骨立，幾不生。遇／生忌，必涕泣竟日，可謂生事盡禮，死事盡思者矣。處兄弟恩愛浹洽，接姻戚恭而有／禮。與人交，踈坦曠達，不立崖岸。至於義少不直，則無所□假借。嘗戒諸子姓曰：「吾平生／無可法，爾輩惟各盡職分，以無忝吾先人可也。」其涵養踐履之純，多類此。配李氏，柔／順貞靜，偕公貴，封安人。先卒，貞菴先生已為之銘。繼郝氏。公生於正統六

年五月十／二日，享壽七十有八。以終之次年三月三日，啓信昌祖塋李氏之墓而合葬焉。子四：／曰秉良，大學生，娶靳氏，先卒；曰秉性，亦卒，娶趙氏；曰秉理，習舉業，科目可待，娶李氏；／曰秉心，娶屈氏，繼姚氏。女一，適魏廷玉。孫男九：曰梧，娶屈氏；曰橋，娶李氏；曰梓，娶任／氏；曰榮、桂、梅、樬、檜、椓，俱幼。孫女六，適洪昂、温潤、魏邦畿、陳經德，餘幼。曾孫男二，女一，／俱幼。嗚呼！儒先以知止為明德，全歸為終孝。公自讀書掇科為賢令，為明府，佐遷秩／大夫。急流勇退，游優林下，為桑梓之光，而終於正寢。非明德終孝者歟，是宜銘。／銘曰：／

身修靈兮家之則也，位咸宜兮國之良也，壽考終兮受之正也，／子孫蕃兮昌之始也，我銘公兮後之徵也。

三十七、王鎰墓誌　正德十五年(1520)九月

　　明壽官王公墓志銘/

　　賜進士出身、奉訓大夫、刑部員外郎同邑劉儲秀撰。/

　　賜同進士出身、承直郎、刑部主事長安張治道書。/

　　賜同進士出身、徵仕郎、行人司行人同邑孟奇篆。/

　　壽官王公者，咸寧故王氏也。名鎰，字季金。若稽/厥祖考，咸潛德弗仕篤生。公幼岐嶷，及長力學，/為郡庠生，數試不第。以親故，遂弗克卒業。繇是，/鄉人皆稱其孝。從女少孤，乃盡心鞠養，又為擇/可妻者妻之。正德丙寅，/詔以耆耄者冠帶。公年七十，故冠帶為壽官云。室人/張氏先公卒，繼室宋氏生三女：長歸/永壽王府鎮國將軍，封夫人；次嫁為生員李森妻；/又其次適士徐欽。公壽凡八十有五，詎生正統/丙辰六月二十四日，廼正德庚辰七月初九日/卒。無子。初，公之衰也，或劝使立後。公曰：「諸猶子/在下，弗失吾宗祧已矣，况又有可成立如江者/邪！」乃立之。/鎮國夫人二子曰/輔國將軍，事公備至。公卒，乃克成葬事。將以本/年九月丙戌，即窆於杜曲之先兆。銘曰：

　　嗟乎季/金，克孝克仁，俾而無後，惻我心。/

　　長安卜文曉刻。

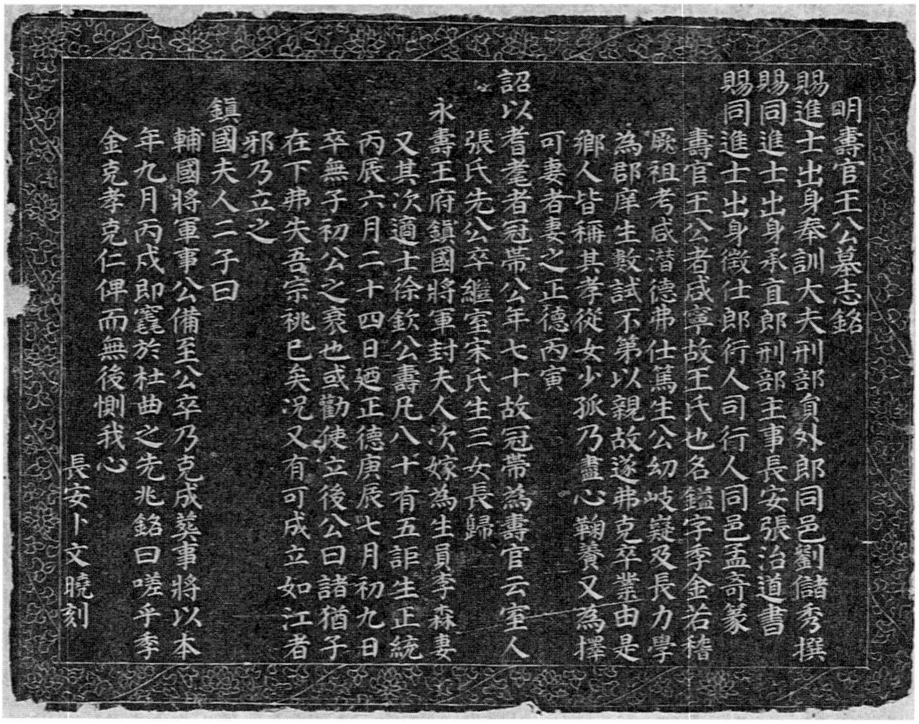

明壽官王公墓志銘
賜進士出身奉訓大夫刑部員外郎同邑劉儲秀撰
賜同進士出身承直郎刑部主事長安張治道書
賜同進士出身徵仕郎行人司行人同邑孟奇篆
壽官王公者咸寧故王氏也名鎰字季金若稽
厥祖考咸潛德弗仕篤生公幼岐嶷及長力學
為郡庠生數試不第以親故遂弗克卒業由是
鄉人皆稱其孝從女少孤乃盡心鞠養又為擇
可妻者妻之正德丙寅
詔以耆耄者冠帶公年七十故冠帶為壽官云室人
張氏先公卒繼室宋氏生三女長歸
永壽王府鎮國將軍封夫人次嫁為生員李森妻
又其次適士徐欽公壽凡八十有五詎生正統
丙辰六月二十四日廼正德庚辰七月初九日
卒無子初公之衰也或勸使立後公曰諸猶子
在下弗失吾宗祧已矣況又有可成立如江者
邪乃立之
鎮國夫人二子曰
輔國將軍事公備至公卒乃克成葬事將以本
年九月丙戌即窆於杜曲之先兆銘曰嗟乎季
金克孝克仁俾而無後惻我心
長安卜文曉刻

三十八、□玘及妻朱氏合葬墓誌 嘉靖二年（1523）十月二十四日

明故處士□公暨孺人朱氏合葬墓誌銘／

丁卯科舉人洛陽□世禄撰文。／

壬午科舉人郟鄏温秀書丹。／

己卯科舉人同郡盛本謙篆盖。／

按状，處士諱玘，姓□氏，良玉其字也。先世浙江龍泉人，／洪武間，曾大父以旗士從侍／伊國光王始封底洛。大父義、父通咸以忠厚傳家。公鍾性真率，宅心坦夷。其與人交際，殊不立崖／岸。無衆寡無大小，由由然處之，罔不各得其歡心。睦族人猶葛虆之附本根，鄉人不足者，輒匍／匐往濟之，宛然有古人風。以是，誕毓淑女。弘治壬戌，奉／先君旨，遣承奉孫達選入內宮，為今／國君嬪御。嬪御貞静媖懿，式遵內則，天性孝友。祗事／國母，一一惟謹。允與／國君仁孝天合，習見其弼協以正。爰宜嗣繼／天潢，且有貫魚以寵之賢，因優禮遇之，殆《易》所謂「王假有家，交相愛也」歟。自是厥後，河潤九里，澤／及三族，親睦賙恤，永錫爾類。公荷／國恩洊至，乃亹亹小心，蚤夜匪懈，胥誨乃子曰：「某闔門安享豐豫之福，皆／上賜也。汝曹宜精白一心，勉旃臣道，仰荅／鴻恩于萬一，我心慰矣。」二子承命唯唯。居常以／君儲未立為念，每每殫罄芹誠，命子常禱于嵩嶽羣神，冀神降靈，以胤／國祚。其憂／君之憂，類如此。方圖報効，不意一疾遽殞，寔嘉靖二年八月念四日也。殞之日，訃聞，自／國君嬪御以下，太息於邑久之。厥明／賜賻儀百二十緡、粟麦若干石，特遣內典服正孟祥敦葬事。既而撰文，遣百户余鏜／賜祭，其辭曰：「百夫之長，一國之英。無私于己，有信于人。惠及宗黨，賢動縉紳。篤生淑女，為／國之嬪。宜享百福」之句。嗚呼休哉！夫公以忠貞，生也承／君之鍾愛，薨也霑／君之賻儀，祭也聿蒙／君之華衮。顯彰有如此，九原可作，當何如以感徳耶！初配朱孺人，先公卒，生子二。長即常，識見／遒勁，雅尚儒紳，噐宇有過于人。奏／賜書堂官。娶□氏，已逝，繼娶閆氏。次曰鏞，娶宗氏，甫冠，以作字讀書膺□侍。女三：其一即／嬪御；其二適孫玄；其三適翟銘。皆朱孺人所出也。繼配徐氏。公生于天順戊寅八月十有七／日，距卒享年六十六歲。將以殞之年十月念四日，啓朱孺人竁，合葬公于邙山之青塚。前期，託／盛子本謙、陳子永持状幣，請世祿銘。世祿與公有同鄉之雅，重以／國君之命也，義不容以不銘。銘曰：／

有女婉淑，／國之嬪翼，子是燕家之珍。人生行樂兮，而康且寧。賁／恩光湛露兮，蔭佳城以生春。

三十九、馬秀墓誌 嘉靖五年（1526）二月七日

明故司設監太監馬公墓誌銘 /

徵仕郎、鴻臚寺鳴贊、直中書舍人事、預修□□武進許錦撰文。 /

奉政大夫、前通政使司右參議東吳顧經書并篆。 /

司設監太監馬公以疾卒拎嘉靖丙戌春正月十有九日，訃聞于 / □，遣司禮監等衙門官劉公鏜、觧公奉、余公忠總治喪儀。輩公行来請予 / 銘，予辭不獲。按狀，公諱秀，世為山東東昌濮州之距族。父索公鎮，任 / 南京龍虎衛千户職，母孫氏，俱早逝。生公拎天順戊寅十二月廿 / 日丑時，公自幼天性潁敏，能尚禮義，鄉人鍾愛之。成化壬寅，選入 / 禁掖。甲辰，轉司設監供事。弘治己卯，除長随。正德改元，陞奉御，着僉押 / 管事，見公勤慎廉能。又一年，陞右監丞。戊辰，改左。本年十月，加陞右 / 少監。庚午， / 命外厰僉押，督八里庄事。辛未， / 诏回本监僉押。丙子，進太監，賜蟒衣加玉帶。辛巳， / 武宗皇帝簡閱各衙門任事，例革為右少監。 / 今上嗣登，軫念耆舊，莅事有年，復留僉押， / 恩至渥也。正宜享福，忽遘疾，竟不起，嗚呼！公有志大，不事虛華。雖處中 / 貴，自知簡略，惟恬淡事向。歷侍 / 四朝，任官四十五載，恤內外，寒暑有方。公今瞑目，聞尔無不哀慟。所遺 / 名下官数十餘員，仝猶子吳資等扶公柩，以今二月初七日，壅公拎 / 順天府宛平縣香山鄉傅家庄之原，從吉兆也。予乃以為銘之，銘曰： /

吁嗟公兮！用才乃良。膺選內禁，遭逢異常。歷仕 / 四朝，任官九轉。蟒衣玉帶，赫赫聲顯。鬱鬱佳城，傅庄之原。百千萬禩，用紀銘言。

明故司設監太監馬公墓誌銘
仕郎鴻臚寺鳴贊直中書舍人事預修
武進許錦撰文
[illegible]大夫前通政使司右參議東吳顧經書并篆
司設監太監馬公以疾卒於嘉靖丙戌春正月十有九日訃聞于
司禮監等衙門官劉公鎧解公奉余公忠總治喪儀董公行來請予
銘予辭不獲按狀公諱秀世為山東東昌濮州[illegible]鄄族父案公鎮任
南京龍虎衛千戶職母孫氏[illegible]早逝生公於天順戊寅十二月廿四
日丑時公自幼天性穎敏[illegible]尚禮義鄉人鍾愛之成化壬寅選入
禁掖甲辰轉司設監供事弘治己卯除長隨正德改元陞奉御看僉押
管事見公勤慎應能又一年陞右監丞戊辰改左本年十月加陞右
少監庚午
命外廠僉押管八里左事辛未
詔回本監僉押丙子進太監賜蟒衣加玉帶辛巳
武宗皇帝簡閱各衙門任事例革為右少監
今上嗣登軫念耆舊蒞事有年復留僉押
恩至渥也正宜享福忽遘疾竟不起嗚呼公有志大不事產業雖處中
貴自知簡略惟恬淡事向歷侍
四朝任官四十五載極內外衆著有方公今瞑目聞亦無不衆慟所遺
名下官數十餘員全循子吳貴等扶公柩以今二月初七日葬公於
順天府宛平縣香山鄉[illegible]家莊之原從吉兆也予乃以為銘之銘曰
吁嗟公兮用才乃良膺選內禁遭逢異常歷侍
四朝任官九轉蟒衣玉帶赫赫聲顯[illegible][illegible]佳城傳在之原百千萬禩用
紀銘言

四十、尚氏墓誌　嘉靖五年(1526)四月九日

明故明威將軍陳公夫人尚氏墓誌銘/

賜進士第、徵仕郎、兵科給事中東穀孫應奎撰。/

賜進士第、中順大夫、山東按察司副使、前監察御史嵩陽董相篆。/

賜進士第、承職郎、户部主事洛陽劉乾亨書。/

嘉靖丙戌三月十有三日，夫人尚氏卒，將以是年四月九日附葬邙山之陽。夫人/之孤揮僉弘持洛庠友吳君汝嚚狀，俾予誌之。按狀，夫人故河南衛昭勇將軍錦/之子。夫人自幼端莊淑惠，頴敏天授，優閑女工，通女戒諸書，為父母鍾愛。既笄，擇/歸明威將軍愷。越幾年，明威公卒，遺姑於堂，年將幾於耄矣。夫人孝養，克有仲俶，/撫二子惟以義方。嫠居益勵貞操，門户紀綱肅然中度，雖偉丈夫亦弗或之先也。/陳氏為時右族，譜牒蕃衍，夫人待之皆有恩禮。是以宗族無長少咸懷之，且稱羨/曰：「陳氏有婦，惟其賢矣！」明威公性爽闓有風度，居閒每延縫掖博洽之士，相與論/說章典。夫人樂主中饋，且曰：「吾夫與賢者游，高明進矣。」乃手為豐潔之湏，必使其/饈焉，此心始慰。正德初，宦寺怙勢徼利，明威公適罹其害。時貲鮮無以為應，人/有為公危之者，公亦憂。夫人即脱簪珥遺之，用是得免于禍。詩曰：「既明且哲，以保/其身。」夫人有焉。明威公歷履宦途，為廉官，有能聲，皆夫人婉意襄順，以成其美。夫/人性素警敏，事至類能區分。處姻鄰終惠且温，御媵婢嚴而有愛。勤儉自約，雖重/裀鼎食猶躬事機杼，無少廢也。常謂子弘曰：「汝父存時，以汝英毅特達，每自負若/子賢，陳氏宗祧之重，惟尔曹望也。得當代名公文行，即親授訓戒，以為汝式。蕲汝/增光爾祖，其勿忘之。」弘泣拜，受命唯謹。用是，廉以自勵，惟克有終。惟政以寬弗/苛，綽有政聲，為一時偉君子敬重。弘之克有令名，母教夙成所致也。夫人生成化/庚子五月十一日，卒之日，享年四十有七。子二：長即弘，今河南衛指揮僉事，娶廉/憲張公瀾女；次引，娶揮僉昌公廷璽女。女孫一，尚幼，嗚呼！夫人以節義自持，教二/子有成，可謂賢母也已。古者婦優於徳，史冊傳之，以有貞行懿範也。夫人何愧焉！/茲值啓明威公之兆而合葬，是宜銘。銘曰：/

坤厚毓秀，惟徳静寧。嫠居貞淑，居心惸惸。色養於姑，既孝且誠。煦育二子，振家有/声。曰恭曰惠，宗鄰服膺。享有豐禄，壽啚未齡。巉岩新仟，悠悠佳城。鬱鬱瑰竒，賁此/勒銘。

洛陽劉雄鐫。

明故明威將軍陳公夫人尚氏墓誌銘

賜進士第徵仕郎兵科給事中東義孫應奎撰

賜進士第中順大夫山東按察司副使前監察御史嵩陽董相篆

賜進士第承直郎戶部主事洛陽劉乾亨書

嘉靖丙戌三月十有三日夫人尚氏卒將以是年四月九日附葬邙山之陽夫人之孫揮僉弘持洛庠友吳君汝器狀俾予誌之按狀夫人故河南衛昭勇將軍錦之子夫人自幼端莊淑惠穎敏天授優閑女工通女戒諸書為父母鍾愛既笄擇歸明威將軍愷越幾年明威公卒遺姑於堂年將幾於耄矣夫人孝養克有終俶撫二子惟以義方嫠居益勵貞操門戶紀綱肅然中度雖偉丈夫亦弗或之先也陳氏為時右族譜諜蕃衍夫人待之皆有恩禮是以宗族無長少咸懷之且稱羨曰陳氏有婦惟其賢矣明威公性爽闓有風度居閒每延逢掖博洽之士相與論說章典夫人樂主中饋且曰吾夫與賢者游高明進矣乃手為豐絜之須必使其饜焉此心始慰正德初載宦寺怙勢徼利明威公適罹其害時貲鮮無以為應人有為公危之者公亦憂夫人即脫簪珥遺之用是得免於禍詩曰既明且哲以保其身夫人有焉明威公歷履宦途為廉官有能聲皆夫人婉意襄順以成其美夫人性素警敏事至類能區分慶姻鄉終惠且溫御媵婢嚴而有愛勤儉自約雖重裀鼎食猶躬事機杼無少廢也常謂子弘曰汝父存時以汝英毅特達每自負若子賢陳氏宗祧之重惟爾曹望也得當代名公文行即親授訓戒以為汝式冀汝增光爾祖汝其勿忘之弘泣拜受命唯謹用是廉以自勵惟克有終惟政以寬弗苛綽有政聲為一時偉君子敬重弘之克有令名母教夙成所致也夫人生成化庚子五月十一日卒之日享年四十有七子二長即弘今河南衛指揮僉事娶廉憲張公瀾女次引娶揮僉昌公廷璽女女孫一尚幼嗚呼夫人以節義自持教二子有成可謂賢母也已古者婦優於德史冊傳之以有貞行懿範也夫人何愧焉茲值啓明威公之兆而合葬是宜銘銘曰

坤厚毓秀惟德靜寧嫠居貞淑居心慱慱色養於姑既孝且誠煦育二子振家有聲曰恭曰惠宗鄉服膺享有豐祿壽嗇木齡墝岩新阡悠悠佳城鐫詩瑰奇貴此勒銘

洛陽劉雄鐫

四十一、盧有悌内壙記 嘉靖十年(1531)九月二十一日

明故李母盧氏内壙記/

孺人諱有悌，南豐儒學前世家盧景/熙長女。年十六，歸配邑東舘前李汝道。/事姑以孝，相夫以順，克克家業。生子/曰萬瑛。孺人生於大明弘治癸亥六/月初五日亥時，不幸扵嘉靖十年九/月又九日亥時，以疾终于正寢，享年/二十九歲。是月廿一日，卜葬于一都/南塘，庚山甲向，而安厝焉。故勒此以/纪後世。/

旹/大明嘉靖辛卯歲九月辛未之吉，/九歲孝男李萬瑛泣血立。

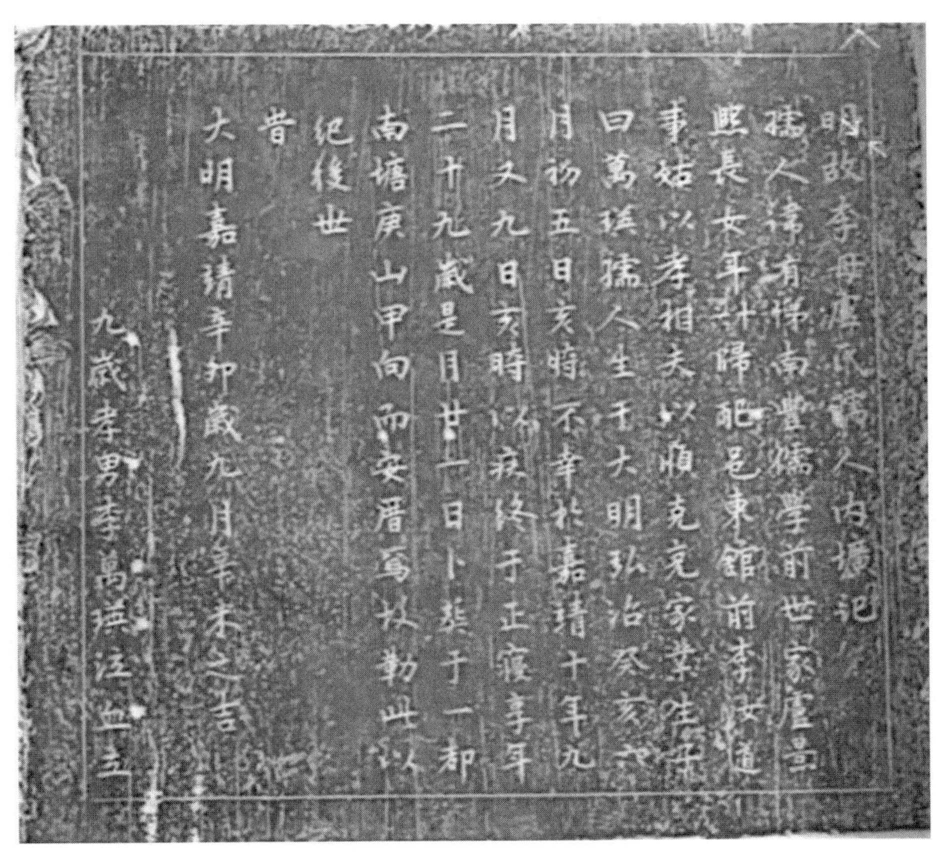

四十二、王氏墓誌　嘉靖十一年(1532)二月二十四日

明故方母太安人王氏墓誌銘/

伊府紀善、鄉進士、修職郎平定李應奎撰文。/

伴讀、鄉進士、登仕佐郎瀘州陳賡書丹。/

教授、太學生、登仕佐郎懷來王震篆盖。/

伊府王親、兵馬指揮方時進母太安人以壽終于家，葬期既逼，我/藩府以安人為國近戚，命紀善臣應奎為誌，再辭不獲。乃按來状為之言曰：安/人姓王氏，浙江安吉州同知公楷之配也。父諱嶙，儀衛司望族。纫莊重，不妄/言咲。稍長，習女紅甚精巧。父母擇所宜歸，聞公有俊譽，遂以歸之。時公猶未/第，肄業郡庠。安人躬操井臼，雖小事必咨禀而行。事舅姑曲盡孝道，處娣姒/罔有間言。夜必紡績，以陪公讀書，至中夜乃止，率以為常，不憚也。甞曰：「業必/精勤，乃能底扵成。不然，未有不淪棄者也。」公由是奮力扵學，聲動鄉校。戊午，/公舉扵鄉。明年，會試南省，卒業太學。安人隨行至京師，百物價俱高。安人能/節縮用度，雖囊金不甚豐裕，而不至匱乏。又曰：「一第雖足為榮，然士所期望/尚有大者，君其友天下士以圖登甲第乎。」後公大尹襄陽，同守達與安吉二/州，咸以廉勤仁恕勸勉。以是，公歷官数郡邑，茂著政績，安人之助多焉。性儉/約，所得俸金，必手奉以藏，不敢妄用。兩居舅姑喪，哀毀動人，有古孝婦之風。/歲時祭祀，必親具薦羞，極其精潔。善教子，每以斷機為喻，子亦能遵其教，動/循規矩，以君子自期。處側室猶娣妹，無幾微妬忌見扵顏面。待諸婢僕，尤有/恩，至飢飽寒燠，無日不察也。或親黨貧乏，則推有餘周之，然亦不過濫也。以/女孫締姻/藩府，猶布素自若。人有言者，曰：「婦人之服自有常則，豈可過奢，以自取失禮耶。」/嗚呼！安人纫為淑女，長為賢婦，老盡為母之道。富而能儉，貴而不驕，可謂德/之全而人之法矣。享年六十有二而終。子男一，即兵馬指揮，娶汪氏。孫女二：/長以賢淑，/冊封為妃；次許聘生員吕孔良。孫男一，尚纫。安人生扵成化庚寅七月二十八/日，卒扵嘉靖辛卯十二月二十五日。厥子将以壬辰二月二十四日，葬扵郡/城西邙山南麓，新卜兆也。銘曰：/

夫名之揚，子德之良。女孫之淑，/藩府之伉。惟相之功，惟教之方。惟兹之藏，惟後之昌。/

洛人張賢鐫。

明故方母太安人王氏墓誌銘
伊府紀善鄉進士脩職郎平定李應奎撰文
伴讀鄉進士登仕佐郎瀘州陳廣書丹
教授太學生將仕佐郎懷來王震篆蓋
伊府王親兵馬指揮方時進母太安人以壽終于家葬期既逼我
府以安人為國近戚命紀善臣應奎為誌再辭不獲乃按來狀為之言曰安
人姓王氏浙江安吉州同知公楷之配也父諱嶙儀衛司望族幼莊重不妄
言笑稍長習女紅甚精巧父母擇所宜歸聞公有俊譽遂以歸之時公猶未
第肄業郡庠安人躬操井臼雖小事必咨禀而行事舅姑曲盡孝道處娣姒
罔有閒言夜必紡績以陪公讀書至中夜乃止率以為常不憚也嘗曰業必
精勤乃能底於成不然未有不淪棄者也公由是奮力於學聲動鄉校戊午
公舉於鄉明年會試南省卒業太學安人隨行至京師百物價俱高安人能
節縮用度雖囊金不甚豐裕而不至匱乏又曰一第雖足為榮然士所期望
尚有大者君其友天下士以圖登甲第乎後公大尹襄陽同守遂與安吉二
州咸以廉勤仁恕勸勉以是公歷官數郡邑茂著政績安人之助多焉性儉
約所得俸金必手奉以藏不敢妄用兩居舅姑喪哀毀動人有古孝婦之風
歲時祭祀必親具薦羞極其精潔善教子每以斷機為諭子亦能遵其教動
循規矩以君子自期處側室猶娣妹無幾微妬忌見於顏面待諸婢僕尤有
恩至飢飽寒燠無日不察也或親黨貧乏則推有餘周之然亦不過濫也以
女孫締姻
藩府猶布素自若人有言者曰婦人之服自有常則豈可過奢以自取失禮耶
嗚呼安人幼為淑女長為賢婦老盡為母之道富而能儉貴而不驕可謂德
之全而人之法矣享年六十有二而終子男一即兵馬指揮娶汪氏孫女二
長以賢淑
冊封為妃次許聘生員呂孔良孫男一尚幼安人生於成化庚寅七月二十八
日卒於嘉靖辛卯十二月二十五日厥子將以壬辰二月二十四日葬於郡
城西邙山南麓新卜兆也銘曰
夫名之揚　子德之良　女孫之淑
藩府之伉　惟相之功　惟教之方　惟慈之藏　惟後之昌
洛人張賢鐫

四十三、元庭桂及妻李氏合葬墓誌　嘉靖十二年（1533）三月十七日

明元上舍元配李氏合葬誌銘／

邑庠姻生鄭尋撰并書。／

上舍諱庭桂，字一枝，別號白云處士。世居湯陰，高祖泰，字道隆，國初時訓導本／縣。曾祖英，永樂辛卯訓導元城縣。祖亮，登宣德庚戌進士第，授監察御史，歷任湖／廣襄陽府知府。父禄，弘治辛亥訓導易州。母黄氏。上舍幼聰頴淳厚，不嬉戲，寡言／笑。雖燕居，亾惰容，鄉人奇之。暨長，貌偉而頎，充邑庠弟子員。好古敏求，慱覽經史，／尤精于易。師友敬慕，科屢不第。／詔入太學大司成，每試，必居前列，且以經濟之才許之。正德癸酉，乞帰養。母失明，延／醫療治，湯藥親嘗，衣不觧帶者數旬。友愛庶弟，恩幾同胞，族閭亾間言。惜乎天嗇／其年，俾所學所藴同朽腐也。厥考與邑太保李公交善，齊名庠序。太保公為女擇／壻上舍，以仲女妻焉，即元配李氏也。李氏温惠淑珍，頴悟過人。女紅之事亾所不／通，故太保公愛踰於子也。太保公元配一品夫人鄭氏，余姑也。教諸女以《孝經》，／仲女領悟獨速。帰元，事翁姑盡其禮，相夫子盡其智。出必掩面，夜必秉燭。訓導翁／先卒，已而夫子亦卒，遺李氏與姑黄氏，俱孀居。時家貧，李氏以太保公所贈粧奩／易綿，績紡供養，履歷飢饉，凍餒不聞。及姑卒，衣衾棺槨營葬，祀事匪豊匪儉，咸適／其宜。夫子大事，李氏能盡之耳。若李氏者，可謂女中之賢也已矣，可謂女中之善／也已矣。李氏生子女俱殤折，每云不孝有三，無後為大。為夫子置側室，育子女。子／即餘慶，幼羸弱多疾。李氏提携保護，殫厥心力。上舍卒，餘慶年甫八歲，擇師出就，／今遊芹泮，將來未可量也。詩云：教誨爾子，式穀似之。李氏有之矣。上舍生於成化／甲午八月十二日，卒於正德丁丑五月十二日，享年四十四歲。李氏生於成化乙／□□□□□□卒於嘉靖壬辰六月二十二日，享年五十八歲。子一，曰餘慶，生員，娶鄭氏□□□□人傳居州。孫男一，女一，俱幼。餘慶以／勑修祖塋在邑東西河村，途遠葬衆，不堪更附考妣。卜邑西南一里許為塋壙，卒越／年三月十七日，遷祖考妣，又遷上舍與□□合葬焉。餘慶不忍泯其撫愛之德，一／日，詣余從女衰絰來，泣乞余銘以識之。餘慶□□□也，余為李氏表弟，餘慶為甥，／又妻余從女。情則益厚，知之尤詳，義不可辭。故述□□，以紀歲月云。銘曰：／

孝友昭彰，亾忝閥閱。經濟未施，□識矜惻。偉哉一枝，／瞑目幽穴。温慧淑貞，本乎天性。孝敬勤儉，恪遵母訓。／餘慶綿綿，芳譽永振。伉儷長眠，

山水悠然。／

大明嘉靖拾貳年叁月拾柒日，男餘慶泣血勒石。

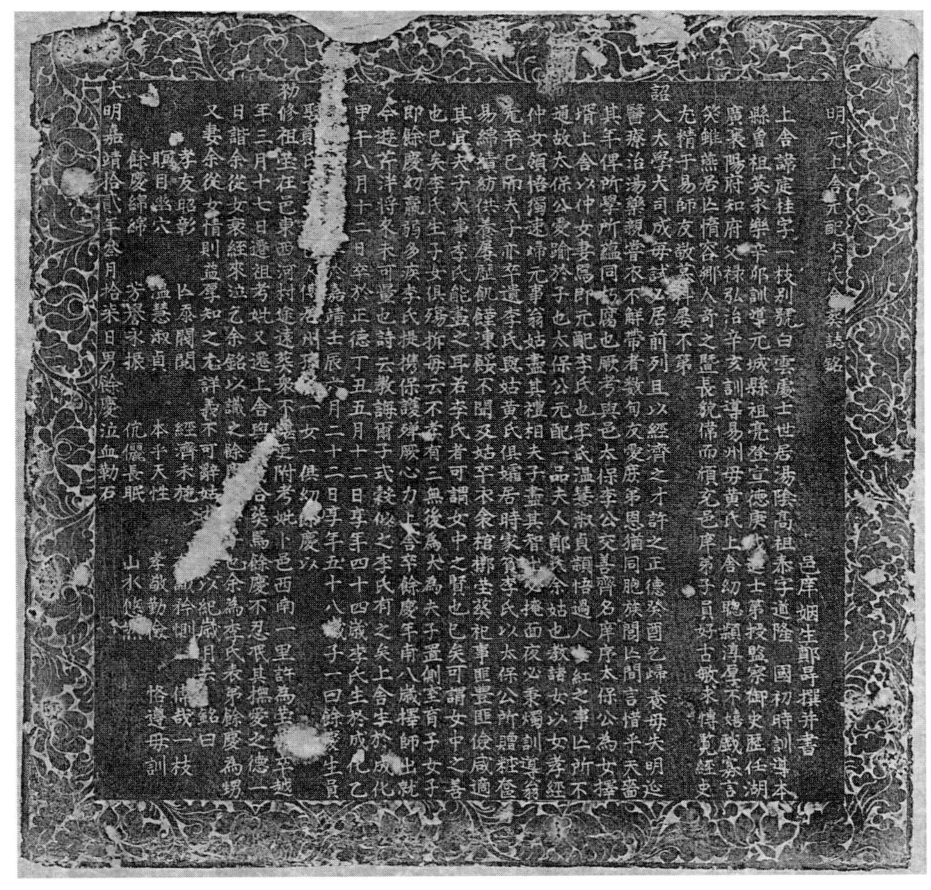

四十四、鮮氏墓誌　嘉靖十二年（1533）三月二十七日

大明故孺人范母鮮氏墓誌銘／

戊子科鄉進士郡人陳謨撰。／

郡庠生外甥楊應乾書。／

吏部聽選監生郡人何文魁篆。／

孺人姓鮮氏，世系古秦人，故／肅府典膳范先生配也。父諱禄，獨以篤厚德性見稱於鄉。母鄭氏，／生孺人。年及笄，歸范先生。先生諱鏜，字德彰，剛直而不為流俗／所移，亦傑士也，先孺人卒。孺人貞順有則，孝于舅姑，敬于夫／子。能以克艱起家，以底於富盛。而夫人之弟曰鍾洎鉞者，每友愛／相孚。一切内外大小，咸宜舉無間言。要之，皆孺人克相之而成／者。其脩守婦道，何如也。余以同閭之末，甞拜瞻懿範，具知孺人／恭儉慈惠之德。乃宜以介眉壽，永履嘉祥。迄今止此，豈天所施／於令母者僅爾也。噫！視世之弗執婦道而惟壽，算不侔矣。生男二／人：長沐寅，義官，取韓氏，幹蠱立家，益振父聲；次淳寅，郡庠生，／取何氏，舉業竟成，亦將高第，孺人投丸之訓也。生女三：一適／郡人朱世寕，一適王勝，皆先卒；一適／陜西布政司承差王時經。俱名家。孫女二：曰赦賢；曰效賢。尚幼，／沐寅之出也。孺人生於成化壬辰十月二十日卯時，終於嘉靖／癸巳三月十一日酉時，春秋六十有二。即卜於是月二十七日／維良，出葬于城西北鳳凰山之陽，從祖塋也。嗚呼！孺人由始考／終，家教美于閨門，流澤昌于来裔而多祜。得夫中壽者，雖沒，庶／幾無憾。沐寅輩，余鄉友也。恐孺人德音不白，乃屬余銘之墓石。／余素非溢美者，故但據其状以為誌銘焉。銘曰：／

令終有俶，迺婦之英。宅此山之陽兮，永奠佳城。

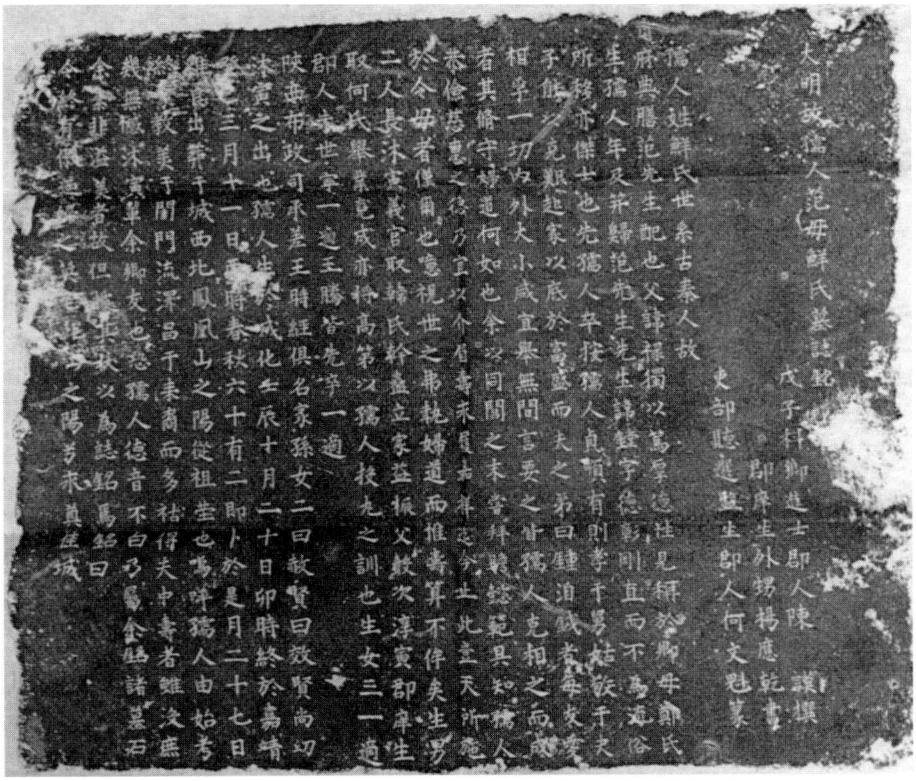

大明故孺人范母鮮氏墓誌銘
戊子科鄉進士郡人陳謨撰
郡庠生外甥楊應乾書
吏部聽選監生郡人何文魁篆
孺人姓鮮氏世系古秦人故
府典膳范先生配也父諱祿獨以篤學進注見稱於鄉母郭氏
生孺人年及笄歸范先生先生諱鍾字德彰剛直而不爲通俗
所移亦儒士也先孺人卒娶孺人貞順有則孝于舅姑敬于夫
子能以克艱起家以底於富盛而夫之弟曰鍾洎鐵者每友愛
相孚一切內外大小咸宜舉無間言要之皆孺人克相之而成
者其脩守婦道何如也余以同閈之末嘗拜睹鑑範具知孺人
恭儉慈惠之德乃宜以介眉壽永負去年走分土比豈天所奄
於令母者僅爾也憶視世之弗執婦道而推壽算不停矣生男
二人長沐寔義官取韓氏幹蠱立家益振父轂次淳寔郡庠生
取何氏舉業克成亦將高第以孺人技先之訓也生女三一適
郡人李世寧一適王騰皆先卒一適
陝西布政司承差王時經俱名家孫女二曰敏賢曰數賢尚幼
沐寔之出也孺人生於成化壬辰十月二十日卯時終於嘉靖
癸巳三月十一日[illegible]時春秋六十有二即卜於是月二十七日
維[illegible]出葬于城西北鳳凰山之陽從祖塋也嗚呼孺人由始考
終[illegible]教美于閨門流澤昌于來裔而多祜俾夫中壽者雖沒無
幾無憾沐寔卑余鄉友也悉孺人德音不白乃囑余銘諸墓石
余[illegible]非盜美者敢但[illegible]其狀以爲誌銘焉銘曰
令終有儀[illegible][illegible]之[illegible][illegible][illegible]之陽吉求眞在城

四十五、鄭世美墓銘　嘉靖十二年(1533)十一月十一日

額正書三行：明故／鄭公端三墓銘／鄉貢進士同邑崇陽聶蘄撰書

常豊鄭廷祐言父欲葬，泣求予銘。予與瓜葛，誼不可辞，故為之銘。／公姓鄭，諱世美，行端三，家世金邑七都常豊里人也。始祖四三公，／仕宋迪功郎，居厚賽。至七世會四公，贅于劉氏，乃宋釋褐状元堯／夫之裔也。父稠一，母周氏。生公於成化十一年乙未十一月三十／日。公生天性純仁，才德卓越。兄弟四人，序居其二。継承先命，以詩／礼傳家。孝事父母，友愛弟兄。義以處隣，和以處族。老者安之，少者／懷之。寒者衣之以衣，飢者食之以食，既而嗜遊江湖，歷閩越而之／宣州。好覽群書而宏開，市肆貿易有無，稱為良賈，獲利于家，恢拓／膏腴。始宣人艱於為學，獲公之幸，進者多士。嘉靖三年飢荒，獲公／之賑，活者多人。由是，宣之士庶咸服恩義。詩酒交遊，正期斂跡南／還。柰何天乎不慭，疾卒于宣。宣之人停舂輟杵傷悼，乃嘉靖十二／年九月十四日也，享年五十有九。嗚呼惜哉！配傅氏，副陳氏。子男／三人：長曰廷祐，娶周氏；次曰廷祜，娶周氏；幼曰廷祚，娶丘氏。女二／人：長曰仙玉，適澳溪謝泰；幼滿玉，適縣市詹賀。孫男六人：曰天壽、天／爵、天錫、天賜、天安、天寧，尚幼。卒年十一月十一日己酉，廷祐兄弟／在宣扶柩歸葬廿七都白石岡先隴之次，首丑己未，從吉兆也。／嗚呼！人之死生常理，歸葬祖塋，不亦樂乎！銘曰：

資性循良，才德輝光。／于家于邦，益著益彰。仙逝他方，歸窆故鄉。靈魂安詳，／子孫永昌。

嘉靖癸巳冬十一月十一日，孝男廷祐泣血立石。

明故

鄭公端三墓銘

鄉貢進士同邑崇陽聶靳撰書

常豐鄭廷祐言父欲塟泣求予銘予與瓜葛誼不可辭故為之銘
公姓鄭諱世美行端三家世金邑七都常豐里人也始祖四三公
仕宋迪功郎居厚賽至七世世會四公贅于劉氏乃宋釋褐狀元堯
夫之裔也父稠一母周氏生公於成化十一年乙未十一月三十
日公生天性純仁才德卓越兄弟四人序居其二繼承先命以詩
礼傳家孝事父母友愛弟兄義以處隣和以處族老者安之少者
懷之寒者衣之以衣飢者食之以食既而嗜遊江湖歷閩越而之
宣州好覽群書而宕開市肆貿易有方稱為良賈獲利于家恢拓
膏腴始宣人艱於為學獲公之幸進者多士嘉靖三年飢荒獲公
之賑活者多人由是宣之士庶咸服恩義詩酒交存正朝歆跡南
還桒何天乎不憖疾卒于宣宣之人傳春輟杵傷悼乃嘉靖十二
年九月十四日也享年五十有九嗚呼惜哉配傳氏副陳氏子男
三人長曰廷祐娶周氏次曰廷祐娶周氏幼曰廷祚娶立氏女二
人長仙玉適漁溪謝泰幼滿玉適縣市詹賀孫男六人曰天壽天
爵天錫天賜天寵天寧尚幼卒年十一月十一日己酉廷祐兄弟
在室扶柩歸塟廿七都白石岡先隴之次首丑趾未從吉兆也
嗚呼人之死生常理今公雖然未登上壽捐館異鄉幸有諸予侍
側送終今當歸塟祖塋不亦樂乎　銘曰　資性循良　才德輝光
于家于邦　益著益彰　仙遊他方　歸窆故鄉　靈魂安祥
子孫永昌　嘉靖癸巳冬十一月十一日孝男廷祐泣血立石

四十六、郭恢墓誌　嘉靖十三年(1534)十一月二十三日

明故龍泉郭先生墓誌銘／

嘉靖甲午冬十一月己卯，郭龍泉先生卒。先生，予伯兄也。諱恢，／字汝弘，龍泉號也。世为潞之壺關太平里人。高祖麟，輸粟助賑，／朝廷勑旌義民。曾祖樂善好施，有司立繼義碑彰之。祖榮，七／品散官，以耕讀遺。父份，懿行純學，登弘治甲子進士。母牛氏。兄／生於正德庚午七月己巳，在□童即精敏通達。少長，盡孝弟，性／不飲酒寡言。喜讀書，懷奇負□，已自成人，補邑庠廩膳生。父母／伯叔異之，僉謂郭氏有子矣。□戊子鄉試，弗舉，兄益力，志在／顯親。為文擢胃腎，神設英□□襲舊句彬彬然韓歐風，一時學／者慕尚之。予無悟，同兄恬□□教侍。廼辛卯鄉試，又弗舉。人不／堪其屈，兄囂焚不急售，曰：「命也。」君子曰：「先生於是，夫賢遠於人。」／回是年場屋疲神，痰疾□之者三祀。甲午，祖母壽八十，賀客／盈門，兄伺接重勤，致疾復，九十三日不起矣。噫吁！兄竟以孝没／也。賢士夫師儒小子哭之□悲哉，享年二十五。弟五人：曰恬，選／貢生；曰慥，庠生；曰悌。俱同母。曰悱；曰性。兄庶母賈氏出也。配張／氏，乏嗣。先疾篤，謂予曰：「骨肉至情，切偲雅義，吾誌銘唯弟圖之。」／予泣曰：「當如教。」嗟乎！予奚忍不銘兄邪。始予兄弟幼學時共寢／食遊處二十年，夠受愛益。予嘗謂：「大吾家者，兄也。」而今已矣。嗚／呼悲哉！若人孝友貞□，立身無罅隙可議。胡年之不孔而夭折／如此邪，則信乎命也！嗚呼！龍泉先生其甚可悲也。夫以是年是／月乙酉，權葬於祖塋之左。予於是流涕銘之，銘曰：

已矣乎，龍泉／先生淑而不遐齡，彼天者歆嗇其軀而昌其名。山團團兮水清／清，兄今歸兮誰嗣宗。安之於土永休寧。已矣乎，龍泉先生。／

戊子舉人仝邑□朝綱篆，弟辛卯舉人郭忻撰書。／弟郭恬等泣□上石，玉工常湧、常子綱、王進勒。

四十七、萬安王妃王氏壙誌　嘉靖十六年（1537）十二月十日

大明勅賜萬安王妃王氏壙誌文／

妃王氏，東城兵馬指揮王雄之／女。嘉靖十年十一月二十五日，／封為萬安王妃。嘉靖十六年四／月十六日，以疾終，享年二十有／一。生女二人。訃聞，／上賜祭，命有司營塋如制。／昭聖恭安康惠慈壽皇太后、／章聖慈仁康靜貞壽皇太后、／中宮皆遣祭焉。以甍之嘉靖十六／年十二月初十日，塋于邙山之／原。嗚呼！妃以賢淑作配宗藩，享／有貴榮，而壽年弗永，遽止於斯，／豈非命耶！爰述其槩，納諸幽壙，／用垂不朽云。

大明勅賜萬安王妃王氏壙誌文
妃王氏東城兵馬指揮王雄之
女嘉靖十年十一月二十五日
封為萬安王妃嘉靖十六年四
月十六日以疾終享年二十有
一生女二人訃聞
上賜祭命有司營塋如制
昭聖恭安康惠慈壽皇太后
章聖慈仁康靜貞壽皇太后
中宮皆遣祭焉以甍之嘉靖十六
年十二月初十日塋于邙山之
原嗚呼妃以賢淑作配宗藩享
有貴榮而壽年弗永遽止於斯
豈非命耶爰述其槩納諸幽壙
用垂不朽云

四十八、聶壯玉墓誌　嘉靖十八年（1539）十一月三日

額篆書：徐孺人墓誌銘

邑人黃直以方謹撰。／

按孺人姓聶，諱壯玉，撫之金川六都崇陽里，父奇十一，／母金氏，生孺人於弘治壬子年六月廿九日夘時。幼性／婉順，不妄言笑，長益良慧，工織袵縫紉女宜諸事。及笄，／配十一都淡里徐君侃，歸而恭順不異。徐君剛果好義，／孺人以柔道相之。凢其所當為者，則亹亹從事；其所不／當為者，則必諍之，徐君甞商于蜀，納二姬焉，動十餘年／勿返。而孺人一以閫內自任，操作而前，雖一毫怨詈未／甞見諸辞色。勤以濬源，儉以嗇流，而家業日益充拓。甞／遣子就明師，期以成立。不幸於嘉靖甲午年十一月十／四日以卒，享年四十有三。生子三人：長曰行中，娶胡，先孺人期年卒；次曰立中，娶王；三曰允中，未娶；幼曰道中，／庶出也。謹以卒之六年已亥冬十一月越三日丙申，奉／柩葬于本都祖山赤嶺觜，首丑趾未兼丁三分，從吉也。／

銘曰：赤嶺之陽，碩人之良。惟儉惟慈，惟德之將。／母儀之彰，熟侔其臧。耿耿幽光，惟珉之香。／

大明嘉靖十八年歲在已亥冬十一月初三丙申之吉。／

哀子立中、允中、道中泣血立石。

四十九、謝氏墓誌 嘉靖二十一年（1542）正月二十一日

額篆書五行：明故／饒儒／人謝／氏墓／誌銘

明故饒儒人謝氏墓誌銘／

郡庠生角峯高應乾撰并書篆蓋。／

饒儒人，邑之嵩湖謝公拱泰之仲女，故壽官邦獻公之副室也。卒未葬，季子饒德潤皇然卜地，是／□□五年得吉，乃捐貲購地，率諸孫奉阡。其將營也，德潤又思厥妣李氏孺人之墓，昔在邑之九十／五都後塘里，離逖是惻，且率錞之子庭鳳改遷李之墓，與孺人合葬焉。李之墓雖遷，李之行實／則有靜□王子之誌銘，玆不贅矣。孺人之德不可以不銘，而予又非能銘者，其□□□□□不容辭也。孺人／之仲子行齋先生，予師也。予受業行齋之門，又邇吾師之居，故耳目孺人之□□□。孺人性慈貌嚴，／多所得于姆教，諳女婦道。既室于饒，尤敦謹儉，邦獻公用是寬內顧之憂，而□□□□□亦淂觧中饋之／戢。暨有吾師邦獻公奇其纫敏，欲授以舉業，孺人賛成之。勤紡績以供□□□□裹糧束脩。吾師始／以奇才冠庠校中，以發策魁江右，終以道學風海內，皆孺人賛成之功也。吾師領薦家居，人不敢干／以私。授徒而亦不較其贄，故貲業僅惟以志養孺人，而孺人亦樂扵志養。晚扵德潤之嗜學，孺人不／欲吾師教之業儒，惟欲教之業醫。盖思二子之順志者，皆出仕也。厥後吾師早世，孺人之生養死葬，／皆德潤獨當之，孺人豈先見者乎！孺人與葉方崖松饒公之妻，兄弟也。皆適于饒，族異而姓則同也，／皆有令子，人異而才則同也。大饒之子良弼領庚午鄉薦，吾師則領癸酉鄉薦，鄉邦咸以為奇也。嗚／呼！其真奇哉。子男四：伯曰錞，娶桐林余，李氏孺人出也；仲曰瑄，娶魚溪橋傅，後改文璧即吾師行齋／也；𠦜曰文纓，娶城北唐；季曰文珪，娶孔渡黃，即德潤也。吾師暨錞皆先孺人卒，女一，適城南李鉞，孺／人出也。孫男：庭祥娶陳氏；庭鳳娶饒氏；庭瑞娶楊氏；庭俊娶李氏；庭偉娶萬氏；庭賓娶王氏；庭倖未／聘；庭傑聘馬纫孫復祖。女孫：閏英適貢士何諫；正英適方昌；梅英適朱慶雲；京英適萬瑜；福英未受／聘。曾孫男：惟霖娶胡氏；惟益娶董氏；惟霦、惟學、惟霂、善慶、餘慶尚纫。孺人生扵天順六年九月十四／亥時，卒扵嘉靖十六年八月初五日亥時，享年七十有八云。以是年正月廿一日寅時葬扵臨汝一／都回龍岡，首乙趾辛，從吉兆也。銘曰：

嵩湖之謝兮，人瑞匪常。二女之慧兮，兩饒有光。大饒／鶚薦兮，小饒聯

芳。匪謝之瑞兮，緊饒之昌。吁嗟小饒兮，萱謝北堂。經營宅穸兮，實惟季/郎。幽宮之卜兮，回龍之岡。孺人之竁兮，其斯焉藏。/

嘉靖廿一年歲次壬寅正月二十有一之吉，孤哀子饒文珪泣血立石。

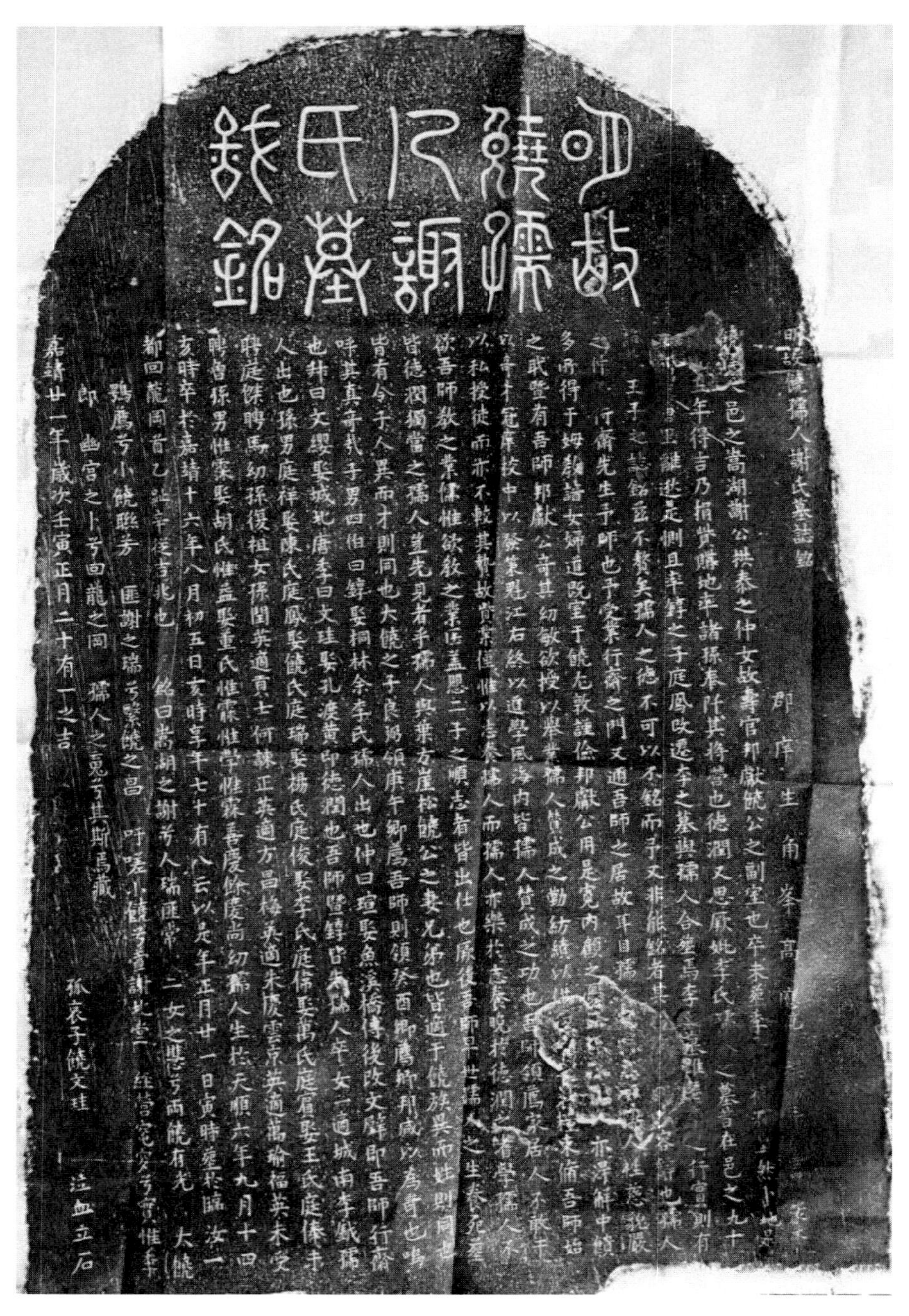

五十、段世能及妻王氏合葬墓誌 嘉靖二十一年（1542）七月四日

明處士東野段君暨配王氏合葬墓志銘／

賜進士出身、中大夫、四川布政司左叅政瓠中郝世家撰。／

賜進士、奉政大夫、節奉／勑按察司僉事、前奉勑監察御史浮南張彥杲書并篆。／

吾三原世醫曰段氏，東野君始祖諱德者精拎醫道，國初時選為醫學／訓科，故後世多以醫為業。君高祖諱復禮，字克己，配潘氏。曾祖元字維新，／配馮氏。祖文字康保，配劉氏。父仲祿字賜之，配趙氏，是生東野君。君諱世／能，字伯奇，東野其別號也。生而慈祥愷悌，持己以謙恭為先。少游鄉校，讀／書明大義。比長，尋幽訪勝，乃至淮揚而以鹽為生。日營月獲，積既多而／歸。凡值貧遇難，多所周濟，無有吝色。甞僑居平涼，夢一人語之曰：「汝有隱／德。」忽見蛇化龍上騰。君次日過韓府引禮所，有一畫龍儼然如夢中所／見。以告引禮劉其姓，名為紀者。紀應曰：「此吉夢也。」即取畫贈君，以為他日之／驗。然終君之身而未顯意者，其在君之子與。配王氏性行似君，事舅姑以／孝聞，處娣姒無訛言，尤善治家。凡衣食伏臘之費，吉凶慶弔之儀，皆綜理／有方，用之有節。故東野君沒既二十年餘，而家道益昌。子廷臣得以肆力／拎學，以其所負而取科第如拾芥，屢為鄉試所屈者，有時耳。東野君生拎／天順六年七月初五日，終拎正德十三年四月十一日，享年五十有七。王／生拎成化二年七月二十六日，終拎嘉靖二十年五月二十七日，享年七／十有六。男一，即廷臣，邑庠學生，娶崔氏。女二：一適雷廷順；一許李朝臣。／俱卒。孫男一，曰尚質，聘李氏。女四，適人者三：雷陽、姚登貴、楊茂植，其壻也。／一尚幼。縣治之青郊雁陂鄉祖塋在焉，廷臣將襄事，問卜得是年七月初／四日之吉，乃啓東野君之壙，舉王柩而合葬焉。廷臣不以予不良拎文，來／請為銘，辭弗獲已，遂據儒官劉汝江狀序而銘之曰：／

吁嗟東野，裔承名醫。幹蠱有積，靡嗇拎施。伉儷偕德，里稱孝慈。琬琰／□者，年富才奇。美哉佳城，恩光待時。／

嘉靖二十一年七月初四日，男廷臣泣血上石，富平縣匠人馬武刊。

五十一、方隆墓誌 嘉靖二十一年（1542）九月二十六日

額正書：故母方氏孺人記

明故方氏王孺人墓誌銘／

孺人姓方氏，諱隆，乃方正八公之女也。成化甲午年八月初二丑時，孺人生焉。／孺人幼性聰敏，事父母克盡溫恭。既笄，為吾邑鄧林王君燦八之／配也。事舅姑小心翼翼，相夫子素志孜孜。教子有方，待人以礼。創業／億倍於祖產，門第侖奐一新。左都左鄰，未有愈於孺人也。生子三：長／曰成八，取謝氏，生女一，適坑西夏，先孺人而卒；次成九，取徐氏，生男二，曰／繼祖繼福，俱幼未婚；幼成十一，取張氏，子未生。嘉靖庚子四月初九日，／孺人終焉。是取嘉靖壬寅年九月二十六巳時，卜葬於本里塘尾山，坐／酉趾夘兼乙辛三分，居先君之右。虎踞龍蟠，風藏氣聚，大吉之兆也。／厥子哀訣踵門涕泣而告予曰：「吾母之性端一誠莊，吾母之德恭儉溫／良。忽然而逝，竟入泉鄉，為之子者豈敢擅其銘而記其行也。敢求一／言以銘之可乎？」予稔知孺人之行，復感其来詞之戚，遂不辭而為之銘，／銘曰：／

生於方，殯于王。性柔惠，德溫良。事上有礼，／處己有方。倐忽一朝帰去也，華堂千載瘞幽光。／

鄉貢進士江南撰。／

皇明嘉靖二十一年歲次壬寅九月之吉立。

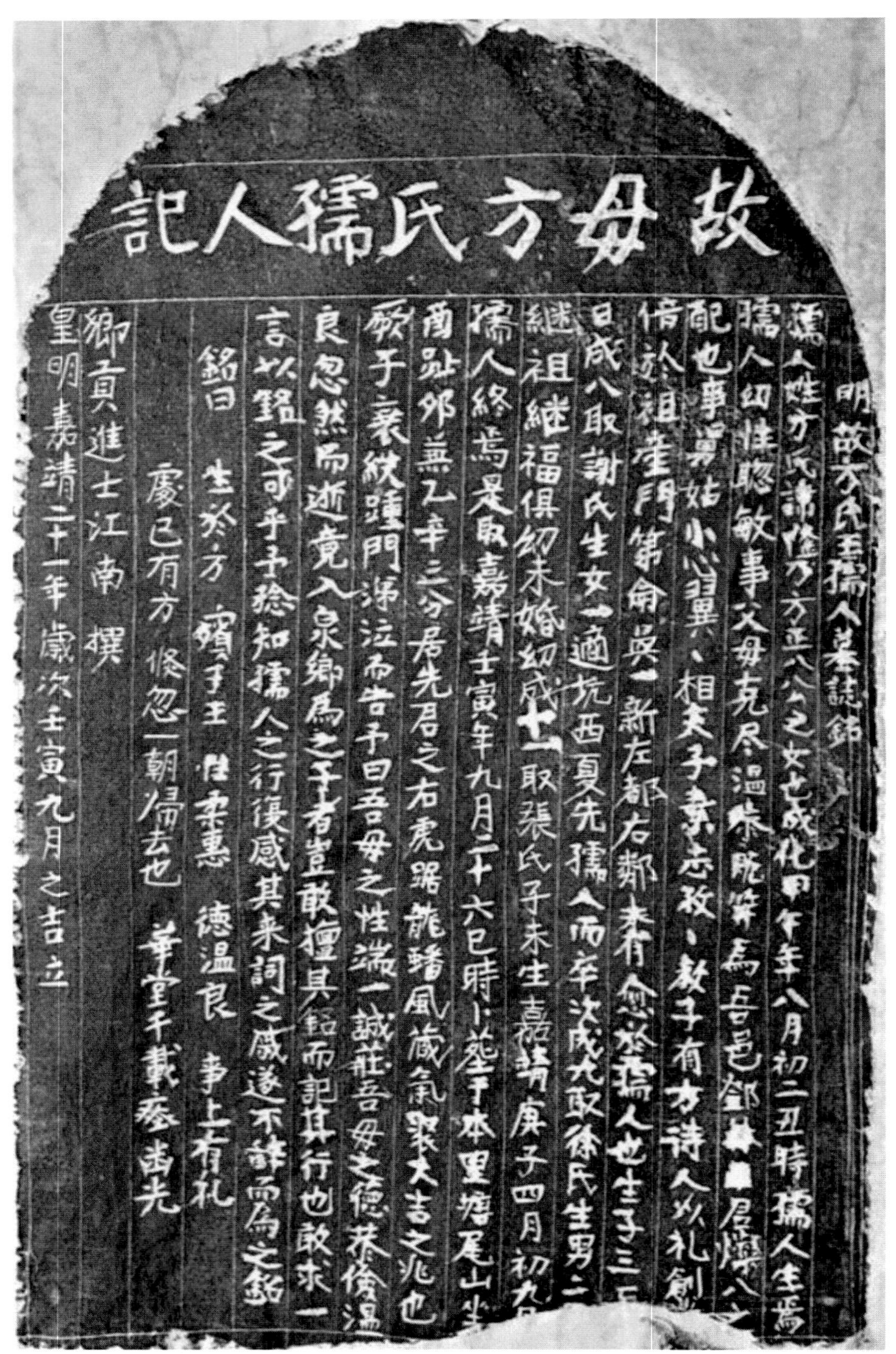

故母方氏孺人記

明故方氏王孺人墓誌銘

孺人姓方氏諱隆乃方亞八公之女也成化甲午年八月初二丑時孺人生焉

孺人四性聰敏事父母克盡温恭既笄為吾邑鄧[illegible][illegible]居爍八之

配也事舅姑小心翼翼相夫子義志敬敬教子有方詩人以礼創

倍於祖業門第命異一新左鄰右鄰孰有愈於孺人也生子三

日成八取謝氏生女一適坑西夏先孺人而卒次成九取徐氏生男二

繼祖繼福俱幼未婚幼成十取張氏子未生嘉靖庚子四月初九日

孺人終焉是取嘉靖壬寅年九月二十六巳時卜葬于本里塘尾山坐

酉向卯兼乙辛三分居先君之右虎踞龍蟠風藏氣聚大吉之兆也

厥子衰絰踵門涕泣而告予曰吾母之性端一誠莊吾母之德恭儉温

良忽然而逝竟入泉鄉為之子者豈敢擅其銘而記其行也敢求一

言以銘之可乎予愁知孺人之行復感其來詞之感遂不辭而為之銘

銘曰 生於方 嬪于王 性柔惠 德温良 事上有礼

慶已有方 倏忽一朝歸去也 華堂千載[illegible][illegible]光

鄉貢進士江南 撰

皇明嘉靖二十一年歲次壬寅九月之吉立

五十二、王鐶及妻雷氏合葬墓誌 嘉靖二十五年(1546)十一月七日

誌蓋篆書四行：明王君／配雷氏／合葬墓／誌銘

明王君配雷氏合葬墓誌銘／

太學生西河趙瓘撰併書篆盖。／

王子鳳岐之母卒，予往吊之。王子寢苫枕塊，三日不食，痛苦酸楚之情，憂／勞瘁迫之狀，惘然可矜。予慰之曰：「他人親之死，非不哀也，子何過也？」王子／因跽而言曰：「岐父早逝，時岐在襁褓，母寡居撫岐，垂四十餘年。歷履艱辛，／備嘗險阻。岐恨涼薄，不能如姑氏子楈表姑之節拎世。岐雖生，不如死之／久也。先生肯賜之銘，豈獨弗死岐母，亦所以逭岐之罪拎萬一也。」予聞之，／愴然而歎。痛哉斯言！鬼神聽之，王子一鄉人耳，無執禮之師，無考古之學。／乃能如是，豈非繼成之善耶！其視世之口談經而貌聖賢，拎親不能生敬／死哀者有靦矣。遂按狀而銘之。君諱鐶，字承宗。曾大父孜，中永樂甲午／鄉試。大父浩起家萬金。父瑜，綽有隱德。妣蕭氏，生君兄弟二人：長即君；次／鉞。女一，適質庵居士張公子鶴，即今之以節婦膺／旌表者。君賦質篤厚，儀容閑雅，孝友之心出於天性。弱冠即能幹蠱，涉獵湖／海，所至人皆愛慕焉。客隕陽感寒疾，弗汗而卒。配雷氏，同朝用先生之女，／生而端莊，柔順靜嘉，若剪裁刺繡，極其精妙。及歸君，婦道克脩，事舅姑曲／盡其心，處妯娌情好甚摯。年二十八而寡，幽貞之操堅守不逾。偶搆痢疾，／弗起。命子鳳岐曰：「女父蚤卒，家業中衰，成吾之志，完女之婚，皆女叔父撫／育之恩也。女當念之。」言既而殞。君生拎成化癸卯八月十八日，卒拎正德／辛未二月十四日，年二十有九。孺人生拎成化甲辰三月二十五日，卒拎／嘉靖乙巳十一月十二日，壽六十有三。子即鳳岐，娶□氏，繼黃氏。孫男子／三人：良文、良武、良宰，俱幼。孫女子二人：獎獎，字張國廩；丑兒，尚幼。鳳岐卜／以嘉靖丙午十一月初七日，啓君之壙而合葬焉。銘曰：／

猗歟王君，爵德孔藏。噫嘻孺人，蘋藻振芳。遘愍中道，不天殞良。睆睆峻／節，憭慄氷霜。載玆貞珉，萬古揄揚。九原冥冥，爾是用康。

明王君配雷氏合葬墓誌銘

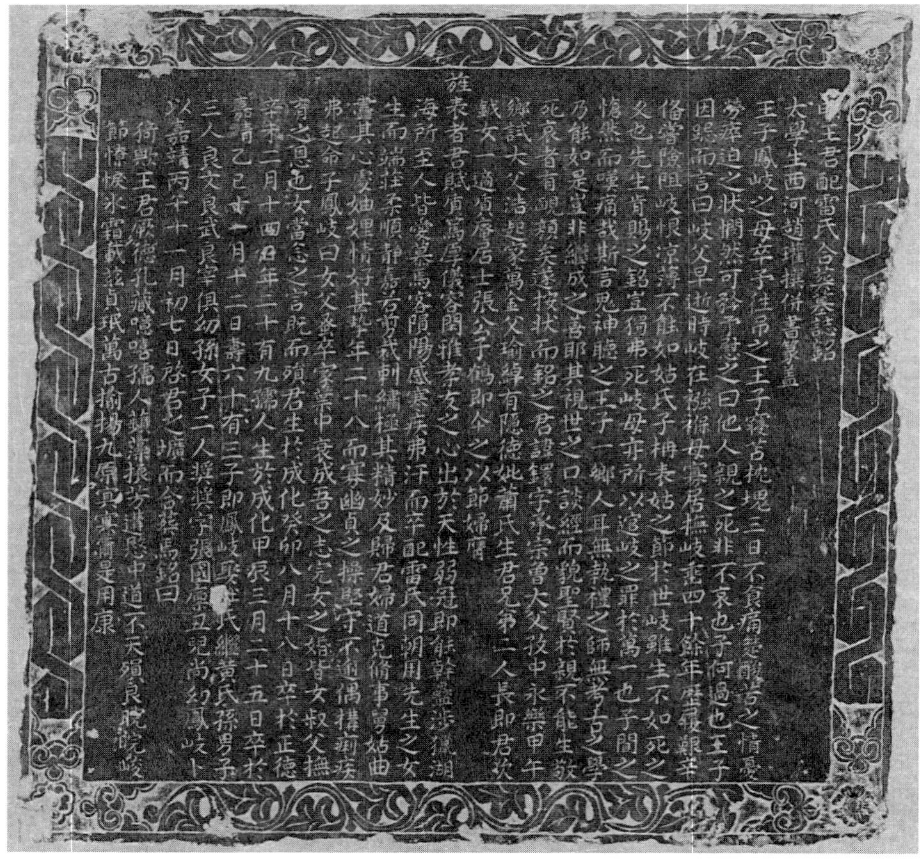

明王君配雷氏合葬墓誌銘
太學生西河趙瓘撰併書篆盖
王子鳳岐之母卒予往弔之王子寢苫枕塊三日不食痛甚酸苦之情憂
勞瘁迫之狀惻然可驚予慰之曰他人親之死非不哀也子何過也王子
因踊而言曰岐父早逝時岐在襁褓母寡居撫岐垂四十餘年歷稷艱辛
備嘗險阻岐恨涼薄不能如姑氏子柟表姑之節於世岐雖生不如死之
久也先生肯賜之銘宜倘弗死岐母亦所以遣岐之罪於萬一也予聞之
愴然而嘆痛哉斯言鬼神聽之王子一鄉人耳無執禮之師無考古之學
乃能如是豈非繼成之善耶其視世之口誦經而貌聖賢於親不能生敬
死哀者有靦顏矣遂按狀而銘之君諱鐸字承宗曾大父孜中永樂甲午
鄉試大父浩起家萬金父瑜綽有隱德妣蕭氏生君兄弟二人長即君次
鉞女一適貞庵居士張公子鶴即今之以節婦
旌表者君賦資篤厚儀容閑雅孝友之心出於天性弱冠即能幹蠱涉獵湖
海所至人皆愛慕焉客隕陽感寒疾弗汗而卒配雷氏同郡周用先生之女
生而端莊柔順靜嘉若賢裁刺繡極其精妙及歸君婦道克備事舅姑曲
盡其心處妯娌情好甚摯年二十八而寡幽貞之操堅守不渝偶搆痾疾
弗起命子鳳岐曰女父蚤卒家業中衰成吾之志完女之婚皆女叔父撫
育之恩汝當念之言訖而殞君生於成化癸卯八月十八日卒於正德
辛未二月十四日年二十有九孺人生於成化甲辰三月二十五日卒於
嘉靖乙巳十一月十二日壽六十有三子即鳳岐娶[illegible]氏繼黃氏孫男子
三人良文良武良宰俱幼孫女子二人奘奘字張國臣五兒尚幼鳳岐卜
以嘉靖丙午十一月初七日啟君之壙而合葬焉銘曰
猗歟王君厥德孔藏噫嘻孺人蘋潔振芳遺恨中道不天殞良皖皖峻
節懍懍冰霜載茲貞珉萬古揄揚九原冥[illegible]是用康

五十三、官玫墓誌　嘉靖二十六年(1547)正月八日

額篆書：明故官公國泰墓誌銘

賜進士第、湖廣沔陽州判官、前福建漳州府推官邑人卓峯黃直以方譔。/

嘉靖甲辰十一月五日，處士官公國泰以疾卒於閩，其子品扶柩南歸，以次年正月/有八日塟于□公園祖墓之左，坐巳向亥。奉状偕厥婿孔弘武来請銘，予弗獲辞。公/諱玫，國泰其字，世居邑西七都山塘里。曾祖諱會宗，祖諱昱賓，父諱萬粟，俱有隱徳。/母刘氏。公生扵弘治壬子年九月一日，自幼穎敏嗜學，不事華藻。比長，恂恂謙退，與/物無忤。性至孝，鮮兄弟。叔母卒，遺子赦方三歲，刘氏孺人憐其少孤，抱養成人。公/即順父母，懷撫如親弟。赦卒，遺侄任、佐亦纫，公憐之，撫育冠娶一如己子，今俱有成/立。公以父惟己一人，乃竭力幹蠱家政，以代父勞。遂不求仕進，慨然有江湖之興，徃/来商賈于滇閩之間。然身雖羈于旅途，而用志高遠，不逐逐扵利。惟日與達人奇士/交游，遇名山勝地，輙會聚飲酒賦詩為樂，有古達士風。每客田四方，名公通問餞貺，/柬書盈篋。公艱於子嗣，惟品。歲甲辰，適商于閩，瘇癘大作。公聋品疾于彼，亟徃視之。/既而品淂安，而公遂遘疾矣，甚亟。親友客于彼者視之，為公歎惘，不獲終于家。公聋/之，毅然曰：「此数也，雖自古聖人無死地，夫人生死修短豈有定時定处乎！？」呼品囑曰：/「惟老父母在堂，不獲終養為歎耳！汝後日必盡诚罄，毋忘吾言，吾瞑目下地矣。」言訖/而逝，距生年五十有三。配徐氏，有婦行。子一，即品，娶曽氏。女良玉，適邑前孔弘武。孫/男長，孫女受玉。鳴呼！居處孝義，敦尚真，足為當世表儀也。是烏可無銘，銘曰。/

銘曰：山塘官氏世赫奕，處士承㞢綿世澤。隱居樂善徳愈碩，江湖行邁甘遯跡。/原始要終瞭不惑，凝然而帰返玄宅。迹徵徳昭允是式，後有考者觀斯刻。/

嘉靖二十四年歲次丁未正月初八日辛酉，孤子官品泣血立石。

五十四、王齊墓誌　嘉靖三十年（1551）二月八日

明故登仕郎、鎮江府學教授王公墓誌銘／

洛陽鄉進士芹泉邢泗撰并書題盖。／

登仕郎王公，予之姻戚也。於嘉靖庚戌九月五日以疾卒于家，予往弔，哭之盡哀。踰四月，／其子官持伊兄應春狀來請予銘。予與公同遊郡庠，既而結姻，知公舊矣。公諱齊，字／至道，洛峪，別號也。其先本楊氏，陝西高陵人。曾祖忠，正統間戍邊有功，授河南衛中所／百户職，因家于洛。紀功者誤楊為王，迄今遂弗能易。祖旺，父裕，俱隱德弗耀。母韓氏，生三／子，公居仲。生而潁敏，童稚時即有老成噐度。父覘其不群，因勉就學。公奉訓不怠，以迎父／志。及遊郡庠，無幾而父就木，乃正德辛巳。公哀毀倍常，恒以不見，厥成為恨。既葬，每思父／教輙哭泣，更肆力于學問，益厚所養，人僉期其大成。雖應賓興数次，俱坐屯不遇，無不為／公惻者。嘉靖甲午，／天子厭歲貢資格，行拔尤例。公與其選，以母老，恐弗獲禄養，遂就職，分教山西嵐縣。母因老，不／欲遠出。公承志，歲寄禄銀，以託妻子養。始入嵐，即嚴學政，進生徒，而講論不輟，儼有蘇胡／遺風，門下輩喜其得伊洛真傳。乙未，廵按蘇公、巡撫韓公俱聞其賢，會議取入書院，校性／理諸家觧，並纂脩晉志。丁酉，更取主書院事，以教各郡生員。既而，復委署河曲、臨縣事。公／不以暫而或苟，存心愛民，查利弊而興除之。一時良善沐徳，強梁斂手，政教有績，交章薦／舉，因晋夏縣教諭。辛丑，母訃音至，奔葬。先是，父葬邙山舊塋，伯祖百户贈郎中昭因其狹／隘，更卜新兆，去先塋一里許。公至是而遷父柩與母合葬焉。情事周悉，罔愆禮度。會有叔／父佇、嬸母李氏年老弗嗣，公敬事如父母。未幾，相繼而卒，公殯葬如禮。弟章卒，遺妻女。公／待之恩禮優厚，為女擇家，恐恐以失所為嫌，竟字句容教諭楊經子逢吉。及終制，不欲復／起。或勸之，公曰：「昔出為親，今父母俱背，復何為？」或曰：「人之大倫，惟孝與忠。公純孝夙著，若／成就人才，以為天下計，忠斯盛矣。公盍圖諸？」乃就銓曹，補前職于直隷宜興三年。丁未，晋／鎮江教授，敷教如前，大率先道德而後文藝。故士習丕變，相繼而登甲科者甚多。戊申，偶／感小恙，遽有歸志。雖上下懇留，竟長往，抵家疾愈。時人嘉其知足，為其樂享田園，繼此有／日矣。胡期未二載而前疾復作，遂就寢。公生於弘治乙卯四月十有二日，比卒，壽止五十／有六而已。傷哉！傷哉！何哲人之不永也。初娶孫氏，義官康之女也，先公二十四年而卒。繼／娶徐氏，同知泰之孫女也，先公二十一年而卒。繼娶

孫氏，百户錦之女也。又娶康氏、韓氏／為側室，以資養焉。子男五：長即官，前孫氏出，娶元城教諭孫洲女，继娶百户聶循女，继娶／生員張勑女；次定，康氏出，聘處士郭輪女；次家，韓氏出，未聘；次宏，後孫氏出，聘予女；次宜，／亦康氏出，未聘。女八：長適百户郭鍾勳；次字訓導段錦子正；次字生員侯璣子定國；次字／貢士楊完之子孟芳；餘俱幼，未字。前三女與行六七者與宏之同出，行四與八者，與定、宜之／同出，行五者家之同出也。孫男一，曰化，未聘。孫女二，未字，皆官之所生也。今官等卜辛亥之／二月八日，起母孫氏、徐氏柩，与父同葬于邙山之新兆。因後孫氏尚存，不忍言合壟。以悉／二氏美，其亦有待而為之書云。銘曰：／

惟天生人，惟公鍾秀。孝友宜家，文章啓後。克勵修名，百度咸貞。罔愆素履，厥德允升。既敷／文教，規條有方。賢士奮庸，師道用張。家聲振振，孫子繩繩。惟德肇基，嗣聖無窮。邙山北聳，／洛水東翔。勒銘載休，山高水長。

石工劉策刊。

五十五、劉珂及妻索氏靳氏合葬墓誌 嘉靖三十年（1551）八月十七日

明處士劉公配索氏靳氏合葬墓誌銘／

嘉靖己酉十月念日，劉公卒。又明年，厥子汝芳手狀集友問予徵銘。予與劉子交游，自齠齔／時有通家誼也。公之懿行，鄉閭久著，有不待狀而悉者。况辱諸友之命，敢弗銘耶。公諱珂，字／廷珮，世為上黨人。曾祖仁甫，祖祥，俱隱德。父澄，以壽獲官。母馮氏，繼李氏。公生而質朴沉靜，／不喜戲謔。少遊鄉學，以親老孑立，家事無依，遂事服賈以終養。而誠信篤實，與物無忤。服食／器用，每隨分自得，宴如也。事繼母甚孝，一日偶疾，早夜籲天，晨昏侍藥。其視於馮，未甞少異。／其教子曰：「讀書立身之本，汝輩能奮力進取，吾志亦頼有終矣。」郡封／瀋藩，歲兩壇祀。公素以知禮聞，有司以薦，贊相三十餘年，而禮度閒雅，上下賢之。前守周公始／磚其城，公與督責，乃祗承厥意，竭精圖事。迨龍門宋公至，録功旌賞，竟沐其嘉奬。里有掘井／者幾死，往察知毒，自出燒酒数升，酹而解之，人得全活。閑常無何，淡然兀坐，時以詩書口授／二孫而已。公之立身行己，睦親愛人，有如此者。於戲！其賢矣哉！距生弘治己酉十二月十七／日，壽六十有一。配索氏，貞靜端穆，相夫有道，先公四十年卒，壽二十有四。繼靳氏，育遺能家，／内政咸頼，卒與公同年，壽五十有九。男子二：長即求銘者，郡庠生，配李氏，索出；次汝馨，亦業／儒，配張氏。女子四：長適庠生孫洧；次適郡人孫華；次適儀賓秦經；次適／沁水府鎮國將軍振菴，封夫人。俱靳出。孫男二：鳳梧、鳳竹。孫女二：次聘郡庠生田見龍男／敏碩；餘未聘。芳之子也。將以辛亥八月十七日，啓舊封，合葬於北郭村西北之新兆也。為之／銘曰：

猗歟劉公，厥行孔修。孝慈克至，忠愛以周。夫義婦順，桂挺蘭抽。黌宫肇迹，戚里聯儔。諸／福具備，百禄是遒。目瞑佳宅，永世惟休。／

郡庠生行川宋之儒撰，／郡庠生西埜常晋魁書，／郡庠生躍泉牛希哲篆。

處士劉公配宗氏靳氏合葬墓志銘
嘉靖己酉十月念日劉公卒又明年厥子汝芳手狀隸友問予徵銘予與劉子交游自髫齔
時有通家誼也公之懿行鄉閭久著有不待狀而悉者况辱諸友之命敢弗銘耶公諱珂字
廷珮世為上黨人曾祖仁甫祖祥俱隱德父澄以壽獲官母馮氏繼李氏公生而質朴沉靜
不喜戲謔少遊鄉學以親老子立家事無依遂事服賈以終養而誠信篤實與物無忤服食
器用每隨分自得宴如也事繼母甚孝一日偶疾早夜籲天晨昏侍藥其視於馮未嘗少異
其教子曰讀書立身之本汝華能奮力進取吾志亦賴有終矣郡　封
瀋藩歲兩壇祀公素以知禮聞有司以薦贊相三十餘年而禮度閑雅上下賢之前守周公始
磚其城公與督責乃祇承厥意竭精圖事迨龍門宋公至錄功旌賞竟沬其嘉獎里有掘井
者幾死往察知毒自出燒酒數升酹而觧之人得全活閑常無何淡然兀坐時以詩書口授
二孫而已公之立身行己睦親愛人有如此者於戲其賢矣哉距生弘治己酉十二月十七
日壽六十有一配宗氏貞靜端穆相夫有道先公四十年卒壽二十有四繼靳氏育遺能家
內政咸賴卒與公同年壽五十有九男子二長即求銘者郡庠生配李氏宗出次汝馨亦業
儒配張氏女子四長適庠生孫淯次適郡人孫華次適儀賓秦經次適
沁水府鎮國將軍振菴　封夫人俱靳出孫男二鳳梧鳳竹孫女二次聘郡庠生田見龍男
敏頑餘未聘芳之子也將以辛亥八月十七日啓舊封合葬於北郭村西北之新兆也為之
銘曰猗歟劉公厥行孔修孝慈克至忠愛以周夫義婦順桂馥蘭抽黌宮聳迹戚里聯儔諸
福俱備百祿是遒目瞑佳宅永世惟休
郡庠生行川宋之儒撰
郡庠生西埜常晋魁書
郡庠生躍泉牛希哲篆
玉工常相刻

五十六、胡信地券　嘉靖三十四年（1555）二月二十一日

維／嘉靖三十四年二月二十一日，石州安業坊信官胡信／今以年老，欲治生墳，擇此高原名曰衙平吉地堪為宅兆。出備錢綵九千九百九十九貫文，買到墓／地一方。南北長三十五步，東西闊三十一步半。東至青／龍，西至白虎，南至朱雀，北止玄武，內方勾陳。惟願諸／神永保千秋百歲，富貴康寧，永無殃咎。知見人／歲月主，代保人今日直符大衝之神。故氣邪精，不／得干恡。先有居者，永避萬里。若違此約，地府主／吏自當其禍。助葬主裏外存亡，悉皆安吉。急急／如五帝使者女青律令。／

知見人年直河魁之神、／月直河魁之神、日直大衝之神、時直傳送之神。

五十七、李奇及妻王氏孔氏合葬墓誌　嘉靖三十四年（1555）十月九日

明故顯考文林郎李公妣淑人王氏孔氏合葜墓誌／

大明嘉靖三十四年六月二十九日，顯考文林郎邵谷府君卒扵正寢，孤等以禮殮棺成服，将卜／吉，舉柩發引，欲求考誌扵鄉達先生。第恐過譽之文非我考在天之靈所安者，感此哀慟愈增。遂抆淚／稽首謹誌曰：孤家世出自有元札刺尔氏木華黎之後，開國元勳，有茅土封王爵者凡七世，不敢詳載。／國朝初，左松江萬户鎮撫遂占藉扵華亭縣集賢鄉仁厚里。八世祖五：曰才；曰良；曰能；曰原；曰寬。寬以／春秋經中試浙省解元，官止安遠縣尹，是為松江祖原。洪武三年，奉例從戍河南衛今藉，為考之高／大父。娶高大母蕭氏，生子二：長諱英；次諱茂，為考曾大父。英卒，茂娶曾大母史氏，生子四：長義；次浩、洪、／海。浩爲考之大父，娶大母朱氏，止生考父端。世無失德者，俱田隱不仕。考父娶考母石氏，生考姊二年，／将四旬未立子。夫婦懇禱扵伊洛之南漢高祖神虜，始生考，再生考二弟。音石氏，母卒，又娶考繼母馮／氏。生考三弟章、四弟産，俱先考卒。産為洛陽縣庠鴻儒，未仕。生四子：長光華；次光渭、光程、光隆。渭亦縣／庠生。考居長，諱奇，字秀夫，曰業儒扵河南康節先生故址安樂窩，别號邵谷。孤聞考幼年勤學颖悟，意／见逈出人表。年十七，即充縣庠附。年二十，即食廩。年四十一，應嘉靖二年歲貢，卒業太學。至十七年戊／戌四月，授山西猗氏縣知縣。是邑地狭路衝，民貧政劇。考素性向上，扵是厲精鋭志，興利袪弊，牧民三／載，卓有賢聲。撫按臬司等旌奖屡至，下民繪像立祠保留者甚多。嗚呼！考雖未取科第，亦我朝出身／之正途，筮仕郎，叨縣令，亦不負考之平生。十九年庚子，行當朝覲，直道見忤政，改四川夔州府儒學教／授。孤等歴諫年老，安休不仕。考曰：「謫官不仕，非安命者。」不聽，即彈冠就道。及抵任，見夔庠久乏人才，力／白有司遷學，率同僚輩強勉訓迪。至癸卯，果有發科者，莫非考遷學率教之功也。明年甲辰，以老疾休／政，隱居田里，寡接人事。縱變故，亦不至有司。儒學舉鄉飲，敦請方出。越三載，舉正介賓二次，再委疾不／赴。考生成化十六年庚子四月三日，享年七十有六。娶我先母王氏，繼母孔氏、段氏。三室生我兄弟姊／妹共十四人，夭殤者九，見存者五。我考幼時有儒業辛勤之勞，壯時有居家子女之累。及仕，有政務叢／襍之苦。迄今，卒時永訣之言猶郎朗然，誠可謂得天地之正，生死不二者矣。孤等終天之恨，徒抱何及。／嗚呼慟哉！嗚呼慟哉！長男光亨，娶郭氏，繼娶張氏、丑氏；次即孤，娶潘氏。女一，適府庠生謝朝徵。

俱先母／王出。繼母孔卒。次光宇娶劉氏；次光宙，娶張氏。俱母段出。宇、宙及孤具備府庠數。孫男四：長崇儒，聘引／禮沈君大繼女；次崇德，聘魏君天禄女。俱亨出。次崇雅，聘任君希德女；次崇志。俱孤出。長孫女適劉君／廉男時雨，亦孤出；仲孫女許字府庠生王君守性男之屏，宇出。孤不自量襪線菲才，甚不能文。兼以荒／迷舛錯，輙罷更筆者數缔。謹惟序宗祧，撮大要，暨考之顯晦、歷履、生卒、時運者，敬誌如左。俱遵所聞並／所見，夫豈敢有虛情過道哉！以本年十月初九日，從祖兆合葬於邙山先母墓。不肖孤光大泣血謹撰，／光宇泣血謹書，／光宙泣血謹篆，／石工堯都甯廷保鐫。

五十八、馮信及妻田氏合葬墓誌　嘉靖三十五年(1556)十一月十七日

誥贈奉政大夫、保定府同知誠菴馮公配封太宜人田氏合葬墓誌銘/

賜同進士出身、嘉議大夫、都察院右副都御史、奉/敕巡撫遼東兼贊理軍務西京許經魯譔。/

賜進士第、資善大夫、正治上卿、奉/敕總督冀遼保定等處軍務、都察院右副都御史、兼兵部左侍郎長安何棟書。/

嘉靖乙未五月廿六日，贈保定府同知誠菴馮公卒，距生景泰辛未二月三日，壽八十又三。越/甲寅六月十六日，厥配封太宜人田氏卒，距生天順甲申六月廿六日，壽九十又一。卒之再朞/丙辰十一月十七日，合葵于長安城西南隅木塔里之新塋。公，故長安人也。諱信，字汝賢。祖泰，/父海，母康氏實生公焉。公少慷慨有志向，然以營業事親，弗克就學。比長，欲知古今事蹟，日延/博識之士，聽其評話，至廢所業有弗恤，里人多誚之。公曰：「吾少失學，不能知古人所為。茲得聞/古今興衰理亂、忠孝節義，亦長識補拙之一助也。雖妨其業，所得不既多乎！」聞者皆服其好學。/自是若事親交友，處己待人，率以所聞者見之行事。質直以範鄉，勤儉以教族，節飲以保生，居/易以俟命。鄉人為之語曰：「誠菴公可謂不負其名號矣！」其配太宜人者，咸寧田翁畯之女也。賦/性凝重，初適公時，百事微促。太宜人以勤儉相之，而家無闕事。姑性嚴厲，太宜人以孝順承之，/而婦道用光；鞠育子女以長以教，使之各有成立，而母儀咸至；且晚從宦所，勉子克服官箴，而/大有聲譽，可謂賢也已。有子三。長在，次存，皆守恒業。在娶高氏，生子曰江，其妻則李氏，通政公/之孫女也。存娶馬氏，生子曰淮，其妻則師氏，知府公之孫女也。最少者友，生即靈悟，公教之學。/嘉靖癸未，得遊邑庠。甲午，中式鄉試，就教屯留，行玑，晉守嵩嵐。既以治平，移守于忻，尋遷保定/同知。三載考绩，得贈公如其官，母为太宜人。鄉人榮之，謂公母累善言之報也。友娶翟氏，繼劉氏，/通判公之女也。生子省吾，幼，尚未字。女三：一適盛經；一適張祿；一適馬鸞。孫女二：一適柴應祥，/系政公之姪也；一適崔以仁，後衛百户也。曾孫三：曰重孫；曰年孫；曰舉孫。俱幼也。亦可謂蕃衍/矣。嗚呼，公與宜人獲壽于天，食報于子，謂非積善餘慶能然乎。爰著銘詞，以範末俗。銘曰：

慥慥/先民，素履孔純。去華敦實，不淆本眞。頎頎碩人，克相其君。伯鸞之配，德耀之隣。履善不斁，嘉慶/乃集。鼎養綸褒，載赫載奕。偕臻上

壽，載纘其胄。福善有訓，展哉弗謬。城之兑隅，靈氣所儲。有美／兹丘，二老止且。／

不肖男友泣血稽顙上石，張宥刻。

五十九、李守禄及妻郜氏合葬墓誌　嘉靖三十八年（1559）九月二日

誌蓋篆書三行：明故處士李／君及配郜氏／合葬墓誌銘

明故處士李君及配郜氏合葬墓誌銘／

承德郎、守直隸大名府判、邑人西坡郝汝舟撰。／

邑庠廩膳生天池樊雲鵬書。／

邑庠廩膳生淡軒衛道篆。／

邑庠增廣生員李子亨服縗持状謁余扵司馬祠精舍，曰：「亨弗弔，天降／割扵我家，俾我父不少延。今將啓我先妣壙而合葬焉，幸得先生之／言，以壽吾先。」余既雅識扵李氏，誼不可辭也，而諾之。按状，君諱守禄，／字天爵，姓李氏。上世甞为太平西村人，後徙觧之安邑敦張村而居／焉，今遂世为安邑人。其曾祖諱秀，曾妣王氏。祖諱鑾，祖妣何氏。父諱朝陽，母裴氏。配郜氏，杜村鎧之女。継秦氏、王氏、王氏，皆先君早世。復／娶秦氏。子男一人，郜生，即增廣生亨也。女三人，俱今秦生。亨先娶樊／氏養才之女，継娶陳氏，大名之女。孫男二人：長泮毓，聘秦氏，樊生；次／泮敏，陳生。君同母兄弟四人：長曰守福，應選不就仕；三曰守慶，邑庠／廩膳生；四曰守身；而其次即君也。君弱冠，雅有明敏譽。以兄為掾，弟／在庠，承父命營家，而遂廢學，識者惜之。其處家也，兄弟相好，愛敬篤至，善友之声昭扵内外，剛果之性不能容慝。人有不及，從而面正；成／美觧紛，無不稱當。鄉里之人始而愛，久而化，既没而猶追思焉。君善／克家，而其配郜精扵女紅，恒勤之以相焉。雖舅姑之養，中饋之職，無／寧居而犹怠扵所習。妯娌悉感發之，及即世，而君再継也，内外尊／卑必曰：「安得如郜者，以刑扵家耶！」君生扵弘治十七年十月十四日，／卒扵嘉靖三十八年七月初八日，享年五十有六。郜氏生扵正德元年／九月十三日，卒扵嘉靖四年四月二十二日，享年二十。今以君所卒／之年九月二日，與配郜氏合葬扵稷山之陽，村北之新塋。乃銘曰：／

嗟君之性，剛果純良。友宜同氣，直道在鄉。踈戚知慕，厥德用揚。宜永／斯世，而何靡長。且及所配，聚此幽堂。相安其所，子孫是昌。／

石工張文正鐫。

明故處士李君及配邵氏合葬墓誌銘
承德郎守直隸大名府判[illegible]人西城郝汝舟撰
邑庠廩膳生天池樊雲鵬書
邑庠廩膳生淡軒衛道篆
邑庠增廣生李子亨服縗持狀謁余於司馬祠精舍曰亨弗弔天降
罰於我家俾我父不少延今將啓我先妣壙而合葬焉幸得先生[illegible]
言以壽吾先余既雅識於李氏誼不可辭也而諾之按狀君諱守祿
字天爵姓李氏上世嘗為太平西村人後徙觧之安邑敦張村而居
焉今世遂為安邑人其曾祖諱秀曾妣王氏祖諱鏊祖妣何氏父諱
朝陽母裴氏配邵氏杜村鐘之女繼秦氏王氏王氏皆先君早世復
娶秦氏子男一人邵生即增廣生亨也女三人俱今秦生亨先娶樊
氏養才之女繼娶陳氏天名之女孫男二人長泮欽聘秦氏樊生大
[illegible]敦陳生君同母兄弟四人長曰守福應選不就仕三曰守慶邑庠
廩膳生四曰守身而其次即君也君弱冠雅有明敏譽以兄為掾弟
在庠承父命營家而遂廢學識者惜之其處家也兄弟翔好愛敬篤
至善友之聲昭於內外剛果之性不能容惡又有不及從而面正戒
美辭紛無不稱當鄉里之人始而愛久而化既沒而猶追思焉君善
克家而其配邵精於女紅恒勤之以相焉雖舅姑之養中饋之職無
[illegible]居而猶不急於所習婣娌悉感發之及即世而君再繼也內外尊
卑必曰安得如邵者以刑於家耶君生於弘治十七年十月十四日
卒於嘉靖三十八年七月初八日享年五十有六邵生於正德元年
九月十二日卒於嘉靖四年四月二十二日享年二十今以君所
之年九月二日與配邵氏合葬於稷山之陽村北之新塋乃銘曰
嗟君之性剛果純良友宜同氣直道在鄉殊咸知纂厥德用揚宜永
斯世而何靡長且及所配聚此幽堂相安其所子孫是昌
石工張文正鐫

六十、李夲會地券　嘉靖三十九年（1560）十一月十六日

額正書：亡人券式

維大明國四川成都左護衛府河南岸中／花薗居住，奉土司門下買地亡人李夲會之／䰟生于丁酉相七月二十七日未時生。原係中花薗／石觀音垻生長，得年八十四岁。扵嘉靖三十九年／十月初五日巳時故，孝眷虔俻冥錢九萬九千九／百九十九文，買到后土竜子崗貴地乚穴，坐開戍／山辰向。利三元大吉星，六壬通天竅，吉星盖照臨。／其地有抵界四至，甚分明。東至甲乚木，南至丙午／丁，西至庚酉辛，北至壬子癸。上至蒼天盖，下底后／土尊。天星生貴子，八卦蔭賢孫。五方不敢占，土司／不敢侵。如有故違者，憑將此契文。引領人歲月／主、東王公、西王母，說合人張堅固、李定度，書契人／白鶴仙飛上天。立此券式。／交見人蒿里户老黄泉。／

五帝使者／女青律令。／

嘉靖三十九年十一月十六日給。

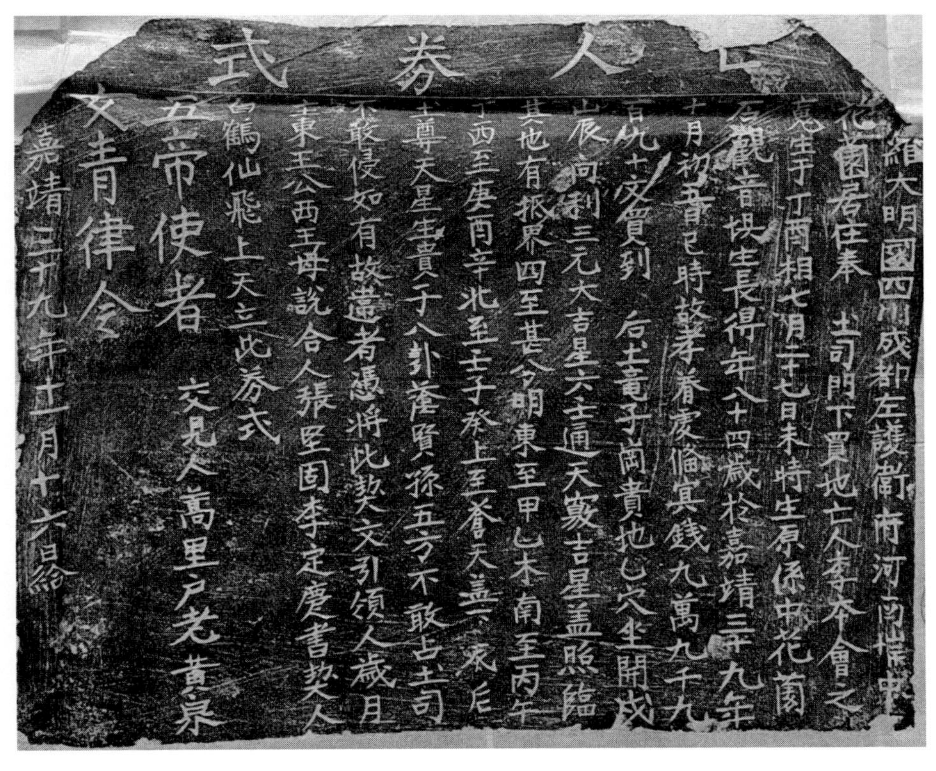

六十一、桑述先及妻劉氏合葬墓誌 嘉靖四十四年（1565）四月二十四日

明故府庠生胤池桑君配劉氏合葵墓誌銘／

賜進士第、中憲大夫、前山東提刑按察司副使、奉／敕整飭徐州密雲兵備咸寧眷生盧鎰拜撰。／

甯生高捷拜書篆。／

於嗟！桑君殁矣。桑君壽不酧德，禄不逮親，英年偉抱，方樹遽僕。於嗟！桑君胡爲／乎殁哉！初，君父僉憲昆池公寔余外舅，余從之游，受《尚書》。其後，君亦以《尚書》從／游拎与。恩義締結，軼肉骨，倍塤篪焉。然君天性醇慤，自為兒時，輒嶷重不羣，僉／憲公視諸兒愛甚。甫弱冠，入為西安府學弟子員。兩試棘闈，皆為上等。坐校文／者持卷競名次，因弗果第。識者謂：「功名利鈍，有數哉！有數哉！」僉憲公歷宦南北／幾二十載，君大父奉直翁耋弗從。君請留籍代侍，曲盡孝養。然家務旁午，稍弗／專拎晷几。會公自遼左䟽帰，君竊自喜曰：「吾父歸矣，則祖有所承，家有所紀，吾／得凝心埋首焉。」居無何，公病痹，伏枕蓐者三易寒燠。君甞藥調膳，備極勞瘁。公／竟不起，君亦以故嬰疾。重念母項宜人在堂，匿弗露，愈自勉力襄事，示無疾状。／季弟儀賓君素相和善，雅通和扁諸方書，時時手製丸劑進之。比服闋，疾大愈，／人咸稱桑氏子孝友並著云。自是，內外酧酢，一以委儀賓君。君就舍南隙地構／小齋，裒時籍，聚朋扃户，肄習其中，聲譽日益煊赫。久之，項宜人夜病衂，君驚起／趨視，倉遽失冠，因中寒。甫旬而宜人瘥，君反寢疾。儀賓君躬自診視，則大恐，亟／召醫叩祝，咸罔奏效，再旬而卒，時嘉靖乙丑十月之十日也。嗚呼悲哉！先是，僉／憲公娶知縣劉公登女為君配，懃慭姍婉，克敦婦誼，先君五年而卒，甫二十有／九歲矣。儀賓君卜今年四月廿四日將即鮑陂之阡，啓其竁而合葵焉。先期，齊／經詣余請銘其墓，余惟君家系門閥業已具載僉憲公誌中，玆不著。著其行實／若此。君諱述先，字子善，胤池其別號也。生嘉靖辛卯七月之九日，距今卒時得／三十有五年云。二子：長曰培，聘户部主事岳君木女；次曰埠。及一女，尚幼。俱劉／出也。継配費氏，崇信勳族費公堅女，執禮守志，尤可嘉悼焉。乃繫之銘曰：

大阿／缺，夜光裂。麒駒跌，鸞雛折。吁嗟！桑君霆轟電掣氣矗，闕文融血，萬億斯年，胤玆来葉。／

弟光先，男培、埠泣血上石，蕭大綱刻。

明故府庠生嵐池桑君配劉氏合葬墓誌銘
賜進士第中憲大夫前山東提刑按察司副使奉
敕整飭徐州等處兵備咸寧春生盧錦拜撰
憲生高捷拜書篆
於嗟桑君殁矣桑君壽不躋耆儒不逮親殁年僅抱方樹遂仆於嗟桑君胡為
手殺我矜君父僉憲昆池公室余外舅余從之游受尚書其後君亦以尚書從
游於余恩義締結較內骨倍壤虎爲然君天性醇慤自爲兒時輒嶷重不羣僉
憲公視諸兒愛甚甫弱冠入爲西安府學弟子員兩試棘圍咸列上等生校文
者持卷餞名次因弗果第識者謂功名利鈍有數哉有數哉僉憲公歷宦南北
垂二十載君大父奉直翁壽八十從君請留籍代侍田畫彥養然家務旁午稍弟
專於癸丑會公自遂左跳峰君竊自喜曰吾父歸矣則祖有所承家有所紀吾
得疑心理首爲居無何公病弗伏枕尊者三易寒燠君嘗藥調膳備極勞瘁公
竟不起君亦以族疾嬰重念母項宜人在堂匿弗露愈自勉力襄事示無疾狀
季弟儀賓君素相友善雅通和扁諸方書時時手製丸劑進之比服闋疾大愈
人咸稱桑氏子孝友並著云自是內外酧酢一以委儀賓君君亟合尚隙地構
小齋裏時籍聚朋舊戶肆習其中聲譽日益矩赫父之項宜人夜病叫君驚起
趍視倉遽失冠因中寒甫旬而宜人殁君又寢疾儀賓君躬自診視則大恐亟
召醫叩視咸罔奏效甫旬而卒時嘉靖乙丑十月之十日也嗚呼悲哉先是僉
憲公娶知縣劉公璽女爲君配慤慤婉娩克敦婦誼先君五年而卒甫二十有
九歲矣儀賓君卜今年四月廿四日將卽鮑陂之阡啓其竁而合葬焉先期齎
經詣余請銘其墓余惟君家系門閥業已具載僉憲公誌中茲不著著其行實
若此君諱述先字子善嵐池其別號也生嘉靖辛卯七月之九日距今卒時得
三十有五年云二子長曰瑎聘戶部主事岳君木女次曰瑋及一女尚幼俱劉
出也繼配費氏崇信勳族費公堅女執禮守志尤可嘉悼焉乃繫之銘曰大阿
缺夜光裂麒駒跌驚鵬折吁嗟桑君寵蠡電掣氣蠱闕文敲血萬億斯年嵐茲
來葉
弟先完男瑎瑋同泣血上石
鐫刻

六十二、詹氏墓誌　隆慶三年（1569）十一月十八日

額正書：日月／鄧母詹氏孺人墓誌銘

孺人生弘治壬子年三月二十日亥時，金川盟山詹／氏女也。幼英敏清雅，人称為淑女。吾祖啓明公聞而／重之，故擇為吾伯父文貴公配焉。及笄，字于帰也。清／倹自足，朴而不俗。相夫君以柔順，愛子婦以勤謹。其／扵外政是非則不以介意，惟中饋女業是務。雖不能／致声扵英孝之令誉，亦不失為一善之慈母也。此其／素行之可称者如是，兹享年七十有五矣。不幸扵今／己巳年十一月十八日子時，以疾終於正寢。即卜是月／卒日吉時塟本里婆墳頭，首壬趾丙，乃吉兆也。嗚呼！／孺人禀坤德而有生，享兹寿而告殂，世亦豈易得哉！／生子三：長登四，娶周氏，生子安慶、静生；次登九，娶米／氏，生子引生；幼次登十九，娶謝氏，生子倉生。嗚呼！孺人／其有後矣。惟孺人其福之哉！是爲誌。又銘曰：／

母之生也，厥德惟良，厥行孔臧。作則閨範，声誉其長。／母之塟也，厥土燥刚，厥位面陽。祥光秀發，后嗣其昌。／

大明隆慶三年十一月中浣吉旦，碁姪仁賢拜撰。

日　月

鄧母詹氏孺人墓誌銘

孺人生弘治壬子年三月二十日亥時金川盟山詹氏女也幼矣敏清雅人称為淑女吾祖啓明公聞而重之故擇為吾伯父文貴公配焉及笄字于歸也清儉自足朴而不侈相夫君以柔順愛子婦以勤謹其於外政是非則不以介意惟中饋女業是務雖不能致声於矣孝之令奮亦不失為一善之慈母也此其素行之可称者如是歟享年七十有五矣不幸於今己巳年十二月十八日子時以疾終于正寢即卜是月辛日吉時塟本里婆墳頭首[illegible]址丙乃吉兆也嗚呼孺人稟坤德而有生享茲寿而告殂世亦豈易得哉生子三長登四娶周氏生子安慶靜生次登九娶米氏生子引生幼登十九娶謝氏生子倉生嗚呼孺人其有後矣惟孺人其福之哉是為誌　又銘曰

母之生也厥德惟良厥行孔臧作則閨範声譽其長

母之塟也厥土燥剛厥位面陽祥光秀發后嗣其昌

大明隆慶三年十一月中浣吉旦暮姪仁賢拜撰

六十三、胡憲墓誌　隆慶六年（1572）六月十五日

誌蓋篆書五行：皇明司禮／監管監事／太監弌齋／胡公墓誌／銘

皇明司禮監管監事太監一齋胡公墓誌銘／

賜進士出身、將仕郎、國子監學正同邑眷侍生帥機謹撰并書。／

一齋胡公既卒，／天子哀悼，賞銀三百兩、鈔六萬緡、八表裏已。又允／司禮監太監掌印馮公援例再奏，／賜祭三壇。／命工部建亭祠樹碑造墳塋，葬于十里河，襄事有日矣。其親姪小齋子詣予邸，泫然涕泣而告曰：「叔之行／誼，士人俱知之。然先生同閈涉親，故知之特深，敢乞銘以圖不朽。」予固辭弗獲，謹按狀叙其事。公姓／胡氏，諱憲，字守戒，別號一齋。江西撫州臨川人，世居四十六都柘湖里。大父思賢。父景暹，錦衣官。母／李氏。公生而聰慧，善讀書，且重厚，言動不妄。正德丙子，選入司禮監韋公名下。明年，選為六尚執事。／己卯，陞內官監奉御。嘉靖元年壬午，遵傳御覽甄錄公文。己亥，／世宗幸承天，随從扈衛。戊申，除授典簿僉押管事。丙辰，推陞太監，管理工程。公歇履四十餘年，雖未甚／用而清謹著聞。又嗜書，頗通達古今事，以是名日起。戊午，／命管午樓等大工，一歲即完，一錢未嘗乾沒。尚書豐城雷公與共事，雅重公操履，口之不置。落成，／欽賜蟒玉。己未，科道會保公賢能，／命修理京師城垣。役竣，廷臣議公久效勞勩，持廉守法，功當首叙。／世宗俞議，歲給祿米二十四石。甲子，奉詔，宮內教書，公善於訓導。隆慶丁卯，會／先帝登極，以公前教書，及督新大內等工，復加蟒玉。戊辰，李榮公為司禮，與公正直相符，因力薦公。／命事東宮，改典璽局局丞，蟒玉如舊。公小心調攝，勤事納忠，日與今／上講習《語》《孟》《孝經》及《貞觀政要》等書。每告以古今治亂興衰之故，及閭閻之疾苦，忠邪之情狀。故公雖居／近習而多所匡益，隱然若師保焉。六年壬申六月，今／上嗣位，嘉念舊人，廼晋公司禮監管監事，看詳章事，持／賜御馬，賞賚甚渥。都下傳聞稱快，咸謂邇臣正協賛元良，實太平之本。公益矢心天日，鞠躬盡瘁。六月十／五日，抱痾，時又盛暑，力疾赴／詔，宣諭畢，忽僕地，俄而棄世，在司禮方六日耳。舊僚友廖敬公經濟其喪，以宅停柩，士大夫知與不知，／皆為欷歔歎息，盖公之人品如此。春秋雖高，受知／主上而未究其用，故君子不能無遺憾也。公生於成化丙辰年十二月初一日子時，歿於隆慶壬申年六／月十五日酉時，得壽七十有七。兄瀧，弟清、潮，姪焞、炌、煒、炫、炤、燦、炯、燧，姪孫文□、文基、

文垣等三十／餘人。炌即小齋，以炌為嗣奉祀。名下焦春、曹紀、張昇、高奉、楊林、永泰、張進、王名、屈忠、崔更、王安、朱照、／劉堂、李榮，皆受公教育者。嗟夫！古稱忠臣不易得，至拎巷職，尤難其人。求如公之忠清直諒，服勤至／死者，盖近古所稀見也。又聞公身雖在朝，聞父母喪，哀毀骨立，三年皆執古喪禮。則公之篤拎君親，／非得諸天植哉！是宜有鴻筆以光賛盛美，賁幽傳遠，如機者何以任此。然以桑梓之雅，義不可辭。／廼不得已而為之銘，銘曰：

汝水之靈，哲人挺生。少典巷職，天與忠誠。勤勞六紀，宮府推重。底柱／中流，群鳥孤鳳。祗役大功，一介弗取。清白之風，名卿所與。侍事青宮，實惟拮据。將順匡救，靡激靡諛。／□帝嗣位，曰惟汝賢。晋秩司禮，寵錫優駢。中外想望，默賛元良。感恩盡瘁，奄忽云亡。／□子震悼，賻贈兼備。壽豈不多，用弗究志。猗歟令德，青史葳蕤。勒銘幽陰，矢無愧辭。

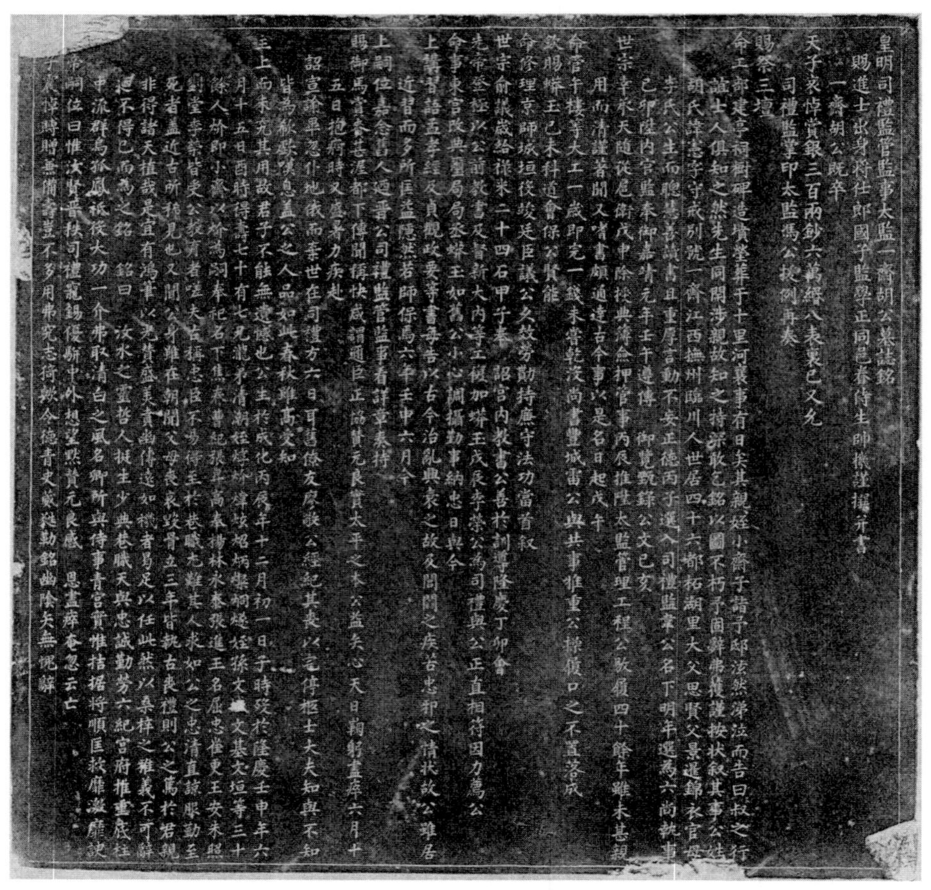

皇明司禮監管監事太監一齋胡公墓誌銘
賜進士出身將仕郎國子監學正同邑春侍生邱椿謹撰并書
一齋胡公既卒
天子哀悼賞銀三百兩鈔六萬緡八表裏已又允
司禮監掌印太監馮公援例再奏
賜祭三壇
命工部建亭祠樹碑造墳塋葬于十里河襄事有日矣其親姪小齋子諸子邱滋然涕泣而告曰叔之行
誼士人俱知之然先生同閈涉觀故知之特深敢乞銘以圖不朽予固辭弗獲謹按狀叙其事公姓
胡氏諱憲字守戒別號一齋江西撫州臨川人世居四十六都柘湖里大父思賢父景進錦衣官母
李氏公生而聰慧善識書且重厚言動不妄正德丙子選入司禮監掌公名下明年選為六尚執事
己卯陞內官監奉御嘉靖元年壬午遭傳 御覽戥錄公文已亥
世宗幸承天隨從扈衛戊申除授典簿僉押管事丙辰推陞太監管理工程公敬慎四十餘年雖未甚親
用而清謹著聞又嗜書頗通達古今事以是名日起戊午
命管午樓等大工一歲即完一錢未嘗乾沒尚書豐城雷公與共事推重公掉[illegible]口之不置落成
欽賜蟒玉己未科道會保公賢能
命修理京師城垣役竣廷臣議公久效勞勤持廉守法功當首叙
世宗俞議歲給祿米二十四石甲子奉
先帝登極以公前教書及督新大內等工復加蟒玉戊辰李榮公為司禮與公正直相得因力薦公
命事東宮改典璽局局丞蟒玉如舊公小心調攝勤事納忠日與今
上講習語孟孝經及貞觀政要等書每告以古今治亂興衰之故及閭閻之疾苦忠邪之情狀故公雖居
近習而多所匡益隱然若師保焉六年壬申六月今
上嗣位嘉念舊人適晉公司禮監管監事看詳章奏特
賜御馬賞賚甚渥都下傳聞稱快咸謂通臣正協贊元良實太平之本公益矢心天日鞠躬盡瘁六月十
五日抱痾時又盛暑力疾赴
詔宣諭卑忽仆地侇而棄世在司禮方六日可悼係友厚敦公經紀其喪以竟傳樞士大夫知與不知
皆為欷歔嘆息蓋公之人品如此春秋雖高受知
主上而未究其用故君子不能無遺憾也公生於成化丙辰年十二月初一日子時歿於隆慶壬申年六
月十五日酉時得壽七十有七兄龍弟清淵姪鐸姪姣炤炳櫟桐姪姪孫文■文綦文垣等三十
餘人於即小齋以於為嗣奉祀名下焦泰曹純張昇高奉楊林永泰張進王名屈忠崔吏王安朱照
劉堂李榮皆受公教育者嗟夫古稱忠臣不易得至於巷職尤難其人求如公之忠清直諒恪勤至
死者蓋近古所稀見也又聞公身雖在朝聞父母喪哀毀骨立三年皆執古喪禮則公之篤於君親
非得諸天植哉是宜有鴻筆以光賁盛美貴幽傳遠知機者曷足以任此然以桑梓之雅義不可辭
趣不得已而為之銘 銘曰 汶水之靈哲人挺生少典巷職天與忠誠勤勞六紀宮府推重底柱
中流群烏孫鳳祇役大功一介弗取清白之風名卿所與侍事青宮實惟拮据將順匡救靡激靡訕
帝嗣位曰惟汝賢晉秩司禮寵錫優渥中外想望點贊元良感 恩盡瘁奄忽云亡
天子悼時贈無備壽豈不多用弗究志猗歟令德青史載勤銘幽除矢無愧辭

六十四、高凌霞墓誌　萬曆二年(1574)十一月二十日

明故庠生崧橋高翁墓誌銘/

哀壻庠生王可久頓首泣撰。/

哀姪恩貢高詩泣書并篆。/

萬曆甲戌,崧橋高翁以五月二十三日終正寢,久忝為子壻,/親炙其行有年,謹收淚以銘。按翁諱凌霞,字伯祥,別號崧橋。/家世偃師,始祖資,元季為山西路揔管。國初,以才望徵為紹/興太守,從祀鄉賢。配杜氏,封恭人。資生圭,圭生亨,以子貴,贈/奉政大夫。子曰進,領正統辛酉鄉薦,以教諭擢御史,陞秦府、/肅府長史。配陳氏,封宜人,一品許太夫人,父母也。進生斐,登/天順甲申進士,官至工科都給事中。綸陰陽訓術,慶遠守,栢坡/翁之叔也。生惟翰,亦陰陽訓術,配姬氏。惟翰生朗,由國子/生任金壇縣丞,配王氏。生子四:一曰凌霄;二曰凌雲,卒;四曰/凌霽,太醫院醫官;翁其三子也。質純厚,性方直,言無畑互,行/無詭随,終身無燕僻交。父母卒,三年哭奠不輟。與弟同居,分/毫一無所私。疎濶世事,逸樂田園。生於正德十六年十一月/二十六日,享年五十有四。配藺氏,側室劉氏。生子七。其男子/誌,聘庠生張一謙女;次訪,次超群,俱幼。劉出。其女子長即適/久;次適光祿寺監事李燦子可薦,庠生;次適唐府典膳康平/子國命,庠生;次許國子生杜贊子家卿。藺出。以是年十一月/二十日,葬於城北三里邙山之陽。銘曰:/

嗚呼!岳翁秉天地之正氣,為當代之偉人。道方而難合於人,/行脩而不用於世。天胡不弔,竟淹於斯。在宇宙中,夫亦何媿。/九天蒼蒼,九原茫茫。鬱鬱佳城,惟靈妥其無疆。

明故庠生崧橋高翁墓誌銘

哀壻庠生王可久頓首泣撰

哀姪恩貢高　龢泣書并篆

萬曆甲戌崧橋高翁以五月二十三日終正寢久忝爲子壻

親炙其行有年謹收淚以銘按翁諱凌霄字伯祥別號崧橋

家世儒醫始祖資元季爲山西路總管國初以才望徵爲紀

興太守從祀鄉賢配杜氏封恭人資生圭圭生亨以孚貴贈

奉政大夫子旨進領正統辛酉鄉薦以教諭擢御史陞秦府

肅府長史配陳氏封宜人一品許太夫人父母之進生斐登

天順甲申進士官至工科都給事中綸陰陽訓術慶遠守栢

拔翁之叔也生惟翰亦陰陽訓術配姬氏惟翰生朗由國子

生任金壇縣丞配王氏生子四一曰凌霄二曰凌雲辛四曰

凌霄太醫院醫官翁其三子也質純學性方直言無回互行

無詭隨終身無燕僻交父母卒三年哭奠不輟與弟同居分

毫一無所私殊濶世事適樂田園生於正德十六年十一月

二十六日享年五十有四配蘭氏側室劉氏生子七其男子

誌聘庠生張一謙女次訪次超群偎幼劉出其女子長即適

久次適光祿寺監事李爍子可爲庠生次適唐府典膳康平

子國命庠生次詩國子生杜贊子家鄉蘭出以是年十一月

二十日葬於城北三里邱山之陽　銘曰

嗚呼吾翁秉天地之正氣爲當代之偉人道方而難合於人

行脩而不用於世天胡不予竟淪於斯在宇宙乎丈亦何憾

九天蒼蒼九原茫茫鬱鬱佳城惟靈妥其無疆

六十五、周思墓誌　萬曆三年（1575）七月一日

額正書：明故周公／孟崖府君墓誌銘

賜進士第、文林郎、陝西監察御史信吾傅元順撰。／

臨川八十四都鵬溪周隱居前□□富著扵鄉，配孺人曹氏。生男三：長曰／南山君；次曰竹山君；幼曰孟崖君。皆偉然逈特人表。予配即南山君之女也。／孟崖君諱思，字汝明，行炌十九。公性質朴渾厚天成，無矜己高人之心，有濟／民利物之德。蚤事書史，不求仕進，□□自守。凡一切家務，有令先君前塘公／綱維扵前。既壯，產有賢郎，継羙扵□□□淂以優游扵無事之天，惟以詩酒／自娯。常自謂「羲皇人也」。予觀其恬□□□之體，殆與象山良知之孝，似乎默／契矣。胡為昊天厚公之福之德，而不□□之寿扵耄耋期頤之偕。雖然寿未／抵扵百年，而公享有優游遐祉，百年□□道哉！公娶官氏，生男四：長曰應鸞，／娶吳氏；應鳳，娶付氏；應麒，娶脩氏：應凰，尚幼。女新玉，配金谿公塘鄒文炤。公／生於嘉靖甲午年四月十一日未時，殞扵萬曆二年九月十六日未時。今卜／萬曆乙亥年七月初一日未時，葬八十一都加冨祖山。亥首巳趾，兼天干三／分，從吉兆也。予時奉命天朝，巡狩陝西，因以帰省二親，應鸞持狀請銘。予按／狀，況公盛德良行，予盖親炙有年，乃援筆發其潛德之光，爲九原之記云。／銘曰：

於維孟翁，行羙德葴。不怍於物，無愧昊蒼。／飄然仙逝，称動鄉邦。鶴夢斯域，萬世永昌。／

大明萬曆三年乙亥歲孟秋七月吉旦立，孤子周应鸞、鳳、麒、凰，孫紹孔、濂、聖、賢泣血立石。

明故周公孟崖府君墓誌銘

賜進士第文林郎陝西監察[illegible]信吾傅元順撰

臨川八十四都鵬溪周隱君前[illegible]富着于鄉配孺人曹氏生男三長曰南山君次曰竹山君幼曰孟崖[illegible]然迥特人表予配即南山君之女也孟崖君諱思字汝明行妳十九公性資朴渾厚天成無矜己高人之心有濟民利物之德蚤事書史不求仕進[illegible]自守凡一切家務有令先君前塘公綱維於前既壯産有貸即繼美於[illegible]詩以優游於無事之天惟以詩酒自娛常自謂羲皇人也予觀其性[illegible]之体殆與象山良知之孝似予默契矣胡為昊天厚公之福之德而不[illegible]之寿於耄耋期頤之偕雖然寿未抵於百年而公享有優游遐祉百年[illegible]道哉公娶官氏生男四長曰應鸞娶吳氏應鳳娶付氏應麒娶脩氏應[illegible]幼女新玉配金谿公塘郭文炤公生于嘉靖甲午年四月十一日未時殁於萬曆二年九月十六日未時今卜萬曆乙亥年七月初一日未時塟八十之一都加冨祖山亥首巳趾兼天干三分從吉兆也予時奉命 天朝巡狩陝西因以帰省二親應鸞持狀請銘予按狀況公盛德良行予盖親炙有年乃援筆發其潛德之光為九原之記云

銘曰

於維孟翁　行美德藏　不㤗於物　無愧昊蒼

飄然仙遊　称動鄉邦　鶴梦斯域　萬世永昌

大明萬曆三年乙亥歲孟秋七月吉旦立　孤子周應鸞 鳳 麒 凰　孫紹孔 濂 聖 賓　[illegible]石

六十六、許守和墓誌　萬曆六年（1578）七月十二日

明昭信校尉、河南尉百户松亭許公墓誌銘／

賜進士出身、户部廣東清吏司主事洛陽望中董用威撰。／

賜進士出身、通議大夫、大理寺卿、前翰林院庶吉士兩室吳三樂書。／

賜進士出身、中憲大夫、恩加從二品俸、整飭天津等處兵備、山東叅議郡人中臺徐學古篆。／

許氏先世廬州合肥人，始祖諱武。從高皇帝起義兵，征進有功，授浙江仁和尉，世襲實授百户。洪武四年，以戎籍隸河南尉，遂家焉。／武生文，襲祖職，尋卒，弟敬繼。敬生誠，誠生通，通生鸞，俱前官，皆綰篆以賢能著聞。嗣是，鸞／生子三人，氏族頗大。長諱元，襲百户；次諱光，充府庠生；次諱堯，累封監察御史。先是，光、堯／二公各育一子，稍長。獨元娶安人葉氏、程氏，俱早卒。繼娶安人王氏，乃千户英之次／女，四旬尚未嗣，復求次室曹氏。專以積德為念，其最著者，如嘉靖戊子歲歉，賑給恤孤，瘞／不能瘞者以千数。乃曹氏先一年生子守中，嘉靖丙申，乃王氏生子守和，人咸謂陰德所／感云。二子方六七歲，慈父即見背，光、堯二公教愛悉如己出。故一時兄弟五人，相敬如同／胞然，洛人皆不能及也。昨歲在丁丑秋八月，侍御許純吾君奉／命巡按真定等處，以省問過閭里。一日，囑余曰：「吾弟守和幸承奕業，大振家聲，吾門之幸也。第／任大責重，日勞勞焉，切以為憂。幸與君有內親誼，望有以教之，恒情亦不過為常談爾。」乃／今年萬曆戊寅二月二十日，遂以疾卒于正寢。嗚呼！侍御君其能前知耶！抑亦愛弟之誠／耶！傷哉！越数日，厥兄庠生坤以狀来請余銘。按狀，許公諱守和，字順先，別號松亭，以嫡襲／河南尉中所百户。聰慧仁恕，喜觀書史。事母極盡孝敬，善承意旨。慈愛士族，如撫嬰兒。遇／搆訟者，亦不事鞭朴，人咸稱平。一時撫按悉以公賢，委用殆無虛日。故今年輯礦徒，明年／巡河防，又明年守嵩廬之大青馬槽等堡。隨試輒效，當道獎薦先後凡四次，無不以公為／首稱。萬曆丙子，復當軍政考選之期。巡按河南監察御史兩河劉公歆為／朝廷得人，大破時格，委掌五篆軍政。吁！劉公誠知人矣乎。但五篆視一衛為獨冗，錢糧軍馬／將過其半。松亭膺是任，思當當道意，朝夕運籌，廢墜畢舉，恐恐焉，惟曠職懼。五軍方樂其／有父母也。甫逾二載，而脾疾大作，遂至不起。侍御君之所憂者，意在是與。惜其才未大用，／卒使封侯之業齎志以終，識者其有遺憾也哉！松亭生拎嘉靖丙申五月初七日，卒拎萬／曆戊寅三月二十日，享年四十有三。娶王氏，封安人，

百户道之女，先卒。繼娶高氏，封安人，／舍人和之女。生子二：長克纘；次喜慶，尚幼。女一，許字千户高尚古，應襲鴻先。俱高氏出。厥／兄坤携克纘卜今年七月十二日，奉松亭之柩葬于邙山祖塋之次。其遭際建立，莫之與／儔，宜勒貞珉，以垂不朽。因系之以銘曰：

盧陽之系兮嶽星，翊運之勛兮鼎銘。户侯分茅兮／維屏，奠食洛土兮垂青。七世再興兮英雄，挺一握五篆兮军士寧。胡天不憖兮，德罔壽齡。／幽宅斯壠兮，玉韞山靈。

石工劉策鐫。

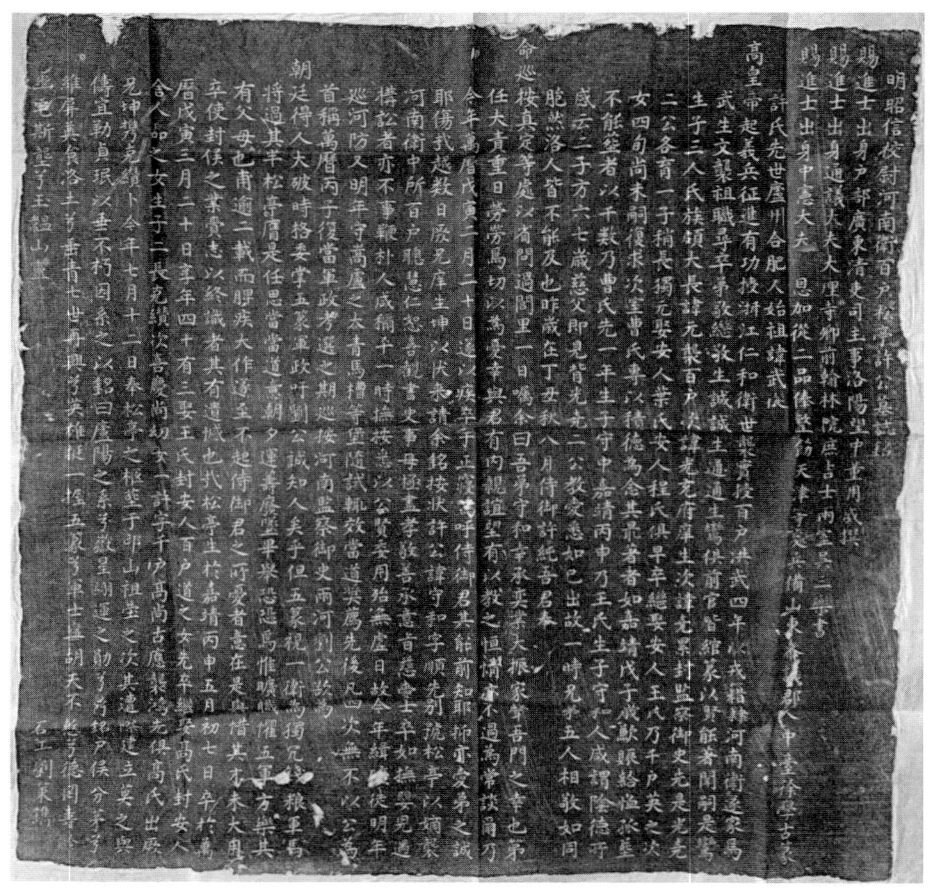

六十七、戴氏墓誌 萬曆七年(1579)十二月一日

明故朱母戴孺人墓誌銘/

賜進士第、中憲大夫、南京都察院右僉都御史李村董堯封譔。/

賜同進士出身、中奉大夫、福建等處承宣布政使司右布政使郡人嵩崖温如恭書丹。/

賜進士第、中憲大夫、山東按察司副使西塘劉摯篆。/

朱母戴孺人者,故安德驛丞次公朝用配也。上世瀍東故家。至再從兄冕登第,為比部/郎而家益顯。父處士公彪,母張氏生孺人。穎慧不羣,每灼婚,必慎許可,然輒諾次公,盖/公同里又少而才也。既歸,舅姑性嚴,孺人侍養惟謹,諸所能當意,以孝婦稱。及相繼捐/棄,而昆弟同井爨,號繁難,人頗苦之。孺人則善處內外間,無慮大小,靡有訾詬語,可以/知孺人矣。次公夙饒於貲,又喜事好客。孺人佐以勤儉,即鹽米瑣細無恣出入。乃宴客/則盛陳供具,必留欵盡醉,以讙次公,而人亦無不多孺人者。次公授安德,將之官,有難/色。孺人促之行,且曰:「仕無論崇卑,惟能其官而已。丞固卑,寔有事事,柰何薄為?」遂與俱,/朝夕規以勤慎大義。故次公勉脩職業,得有聲當路,屢膺檄獎云。無何,次公歸,尋病/且卒,孺人痛毀之甚。既襄事,茹苦屏居,人罕覯其面。顧惟門戶墜是憂,乃以伯子及諸/孫雋才者課之力學,兾振家聲。仲季有次公風,俱輸粟試郡省。即今衣冠赫奕,後先相/望,褎然甲闤闠中。固次公所貽,亦寔孺人有以成之也。謂宜燕喜高堂,以享遐年,而不/幸若斯焉已矣。悲哉!大都孺人母德咸備而性又好施,雅厚姻黨,如姊王夫人早寡,贍/養終其身。至所賑窮乏,不可縷数。故卒之日,里中人無不追思墜淚者。尤善老母太恭/人及予妹冢婦,三十年未甞見幾微詞色。吾家方感念之,永終世好,不虞其遽有斯/也,更足悲已。孺人生於正德十年二月二十五日,卒於萬曆七年八月二十六日,得年/六十五歲。生男三:長錫,府庠生,娶贈太僕寺少卿先公諱智女;次鎰,省祭官,娶黎城/典史吴儒女;次镛,藩司承差,娶儀賓石麟女。女三:長適舉人張進舉子念;次適商州判/官李克昌子天賜;次適兵馬指揮王相子長生,早卒。孫男六:長泗,府庠生,娶府庠生張/啓光女;次淵,府庠生,娶徐文禮女;次源,娶李大有女;次澤,聘閻鶴齡女;次濬,聘中都留/守馬乾女;次泮,聘太醫院官徐道女。孫女五:一適縣庠生顧問子託;一適河南衛指揮/姚宗舜子應庚,府庠生;一許聘庠生孫光述子延芳;一許聘来士魁子以德;餘皆未字。/曾孫男四:長懋桂,聘庠生謝

楠女；次懋梅，聘舉人方誠女；懋楫、懋松，俱未聘。錫等卜以／十二月一日啓次公壙，合葬於鳳凰之原新兆也。予既諗孺人賢，而若甥王易州寀所／為狀，又鑿鑿副名實，故稍銓次而系之。銘曰：

瀍之源清且許兮，維孺人之鍾兮。瀍之流／紆以長兮，維孺人之芳兮。瀍之右突如其峙兮，維孺人之後兮。瀍之巔纍纍其千祀無／改兮，是為孺人之藏兮。

玉工劉科刻。

六十八、時爾科墓誌　萬曆八年(1580)七月十二日

明故大同鎮千總官南園時公墓誌/

賜進士第、翰林院侍講雲中對南王家屏撰。/

直隸泰州同知郡人清源張鶴書。/

國子監太學生郡人沙溪劉世官篆。/

按状,時公諱爾科,字徳荣,號南園。幼而愿慤,以剛介自持。嗜讀孫兵穰苴書,好騎/射,綽有烈士風。以武生游州庠肄業,行己接物,無沮屈側媚態,覿者罔不愛重之。/□來试,萬曆庚辰夏,省兄參戎后園公拎北樓營,適雲中總戎郭公訪士拎后園,/□后園公不避□□以公疏名拎郭。即招斂麾下,為右軍統募。南園公勤以事上,/□以勵属,其所理行伍器械等皆整整。郭公亦慶得人,欲荐而大用。公以今歲夏/偶而感疾,后園公遣人輿拎北樓,百醫弗愈,拎五月十二日卒。后園公悲恨填臆,/幾絶而復甦。廼舁輀拎沁,其弟對園執喪如禮,悉力襄事,議祔葬拎先塋。后園公/乃以其從叔大尹名鳳者状,持以求誌。予素與后園公有雅誼,不可辭。且南園公/純篤之行、友愛之懿、才識之美,足以勵俗而傳後,義尤不可辞。夫南園公武弁流/也,其先衛之新郷人。厥祖忠從戎拎國初,有功得受百兵秩稠,禦拎沁所,遂家焉,/故世為沁之鉅族,由祖而下,曰雍、曰習、曰俊,傳及曾祖珍,素謹飭。祖春倜儻□□。/父節,性明坦,尤閑拎弓馬,每得上之信用。母武氏,二尹武公女,贈安人。父先卒,母/継卒,遺公逋十余歲。兄弟四人:長即參戎公,名爾直,為時名將;次東園,名爾學,舉/郷武,守土木營,行有不次之擢;次即南園;季弟對園,名爾第,以文士入成均。昆玉/皆為國器,盖先人之遺蔭余風也。南園公齎志而没,郭公為文,遣官致祭,當道諸/公罔有不痛惜而哀傷者,則其賢可知矣。公生拎嘉靖辛丑五月十七日,據亡之/年甫四十一歲尔。配李氏,婦道克閑。男二,俱穎敏,綽有成立。女三,俱幼。卜拎七月/十二日歸窆,廼掇拾公之家世源沿,與公之素履,為公誌之。銘曰:□惟南園,素行/超塵。善志奇藴,曾未得施,而遂其生平。天胡厚其稟,而弗葆其真耶!夫人孰無死,/為可恨也已。噫嘻悲哉!沁之山兮巃巃,沁之水兮滐滐。南園公之令聞兮,時與並而流與同。

六十九、馮澤山地券　萬曆十一年（1583）九月十五日

大明萬曆十一年歲次癸未九月己卯朔越／十五日癸卯，山西平陽府蒲州張華里儒／學生員孝男馮津伏為／原任巡撫延綏等處地方都察院右副都／御史先考澤山府君薨逝。茲今日者，卜此／岡原，来去朝迎，地占襲吉。其地屬條山之／麓，王庄之野，乙山辛向，四勢端明，五害不／侵，俱係府君所置。惟南續買韓家地一段，／計地二畝；北續買薛家地一段，計地二畝。／共東西長一伯步，南北闊三十二步。左至／青龍，右至白虎，前至朱雀，後至玄武。內方／勾陳，分擘四域，一安鎮中央。／丘丞、阡陌諸神，共垂擁護。／太歲、日月、直符，永保吉祥。伏惟明神默相，俾罔後艱。須至券者。

大明萬曆十一年歲次癸未九月己卯朔越
十五日癸卯山西平陽府蒲州張華里儒
學生員孝男馮津伏為
原任巡撫延綏等處地方都察院右副都
御史顯考澤山府君薨逝茲今日者卜此
岡原来去朝迎地占襲吉其地屬條山之
麓王庄之野乙山辛向四勢端明五害不
侵俱係府君所置惟南續買韓家地一段
計地二畝北續買薛家地一段計地二畝
共東西長一伯步南北闊三十二步左至
青龍右至白虎前至朱雀後至玄武內方
勾陳分擘四域一安鎮中央
丘丞阡陌諸神共垂擁護
太歲日月直符永保吉祥伏惟
明神默相俾罔後艱須至券者

七十、邢紹美墓誌　萬曆十二年（1584）十二月二十八日

明故吏部觀政進士男紹美墓誌／

洛庠生郡人雲坡寇汝勤書篆。／

恩例儒官慟父一庵邢其禮泣著。／

按我邢氏，世籍洛陽。高祖諱榮，以子貴，封文林郎。曾祖諱琉，中天順庚辰進士，累官廬／州府知府，邢氏科第始於此。祖諱憓，邑庠生。祖生先君，先君諱泗。先君性方行峻，居家授／學，門下相繼登第者五，時號芹泉先生。中嘉靖癸卯舉人，任陽信縣知縣。宦情澹然，樂／田園，遂歸。配先妣冀氏，萬年縣知縣諱文祥女。生子三：長即其禮；其義、其志，則弟也。余／遊郡庠，以恩例給儒官。娶習氏，教諭諱彖女；繼段氏，儀賓諱修女。生子二：長紹美；次紹業。俱習出。紹美七歲知誦讀，十歲知屬文。余竊以為繼先望，故命名曰紹美。紹美亦以／繼先自望，故自號曰世泉。萬曆乙亥，試於鄉，克弟子員為第一。己卯，試於省，領鄉薦。二／十一，兩赴禮闈，登癸未進士。觀政銓部，羈京邸，數求省親，未許。余北上，見其頭角更觀，／且喜且諭曰：「甲科讀書，中第一等。事甫踰一甲子，吾家見之。非上世世積，何致哉！爾／須退然，毋自高，吾願足矣。」男齊諾諾。及歸，為倚門倚閭之望者，無論朝暮。方冀任一職，／擔一爵，委身以報國恩。何天禍我，俄痰陡作，同榜寓京師者趨走問焉，各出餌藥，／竟欲救解，弗能也。紹業虽在側，惟痛哭，何所为。当其时，篋无分储，龙山公董輭鬻棺衾，／雖價重百金，畧不惜。其親目殮者，濟濟然。仍揮哀辭，辭具剴，玆不悉録。聚賻金三百餘／兩，紹業得扶櫬旋洛。除治喪路費外，餘金二百四十兩，付繼忠公錢，議置産，恤其孤。會／仁慈父母公廖來牧玆邑，下車即軫念通家，益加矜憐。乃訊之僉，得城西田二頃六十／畝，歲輸租一百石同錢，躬詣地所償價二百兩有竒。得國中房基一區，償價七十五兩，／數不取盈者，捐俸補之。且如徃約，勢不得侵已，不得易立其券。余家食居，世其贍已。哀／辭謂「君毋患窶，亦有吾曹」，誠非空言耳。惜爾有父衰老，喪厥子；爾有妻子幼齡，喪所天。／人生三不幸，余於爾之沒，一門備嘗之。噫！天限爾數，天禍我酷也。信哉！男生於嘉靖乙／卯閏十一月念六日，卒於萬曆癸未十一月十一日，享年二十有九。娶布氏，儒官諱養／正女。生女一，字洛川縣知縣陳諱惟芝子炳，生子一，如式，方二齡。卜甲申十二月念八／日，葬爾於爾祖塋之次。嗟嗟！死者安於葬，葬者宜有

誌。爾雖叨進士，行未成，業未顯露。／故不敢□干時髦，姑自抆淚以誌，用垂不朽云。

石工劉斟刻。

七十一、蔡氏墓誌　萬曆十四年（1586）十二月二十五日

明故母蔡氏饒孺人墓誌／

孺人出身于撫州東鄉十四都土橋里，誕于弘治癸／亥年十月初八辰時。幼從母教，慈惠温良。孺人適東／源饒晃六，後徙居土橋。生子二人。長曰明一，娶黃鶴／橋萬氏。生孫景三，孫媳鄧氏，生姪重孫毛头；次孫景／六，媳侯氏，幼孫愛俚。次男明二，娶本里李氏。生孫景／一，孫媳丘氏，重姪延孫新孫、官孫；次孫景二，孫媳／文氏；幼孫景五，娶周氏。孺人享春秋八十有四，不幸／于萬曆十四年正月初二。涓卜本年十二月廿五／乙酉日葬于本里社章園，坐辛向乙。山川鐘秀，砂水／拱□。孺人寿室，奕世安然。嗣孫蟄蟄，富貴綿綿。／

大明萬曆十四年丙戌歲冬十二月乙酉日立。／

哀男明一、明二泣血立石記。

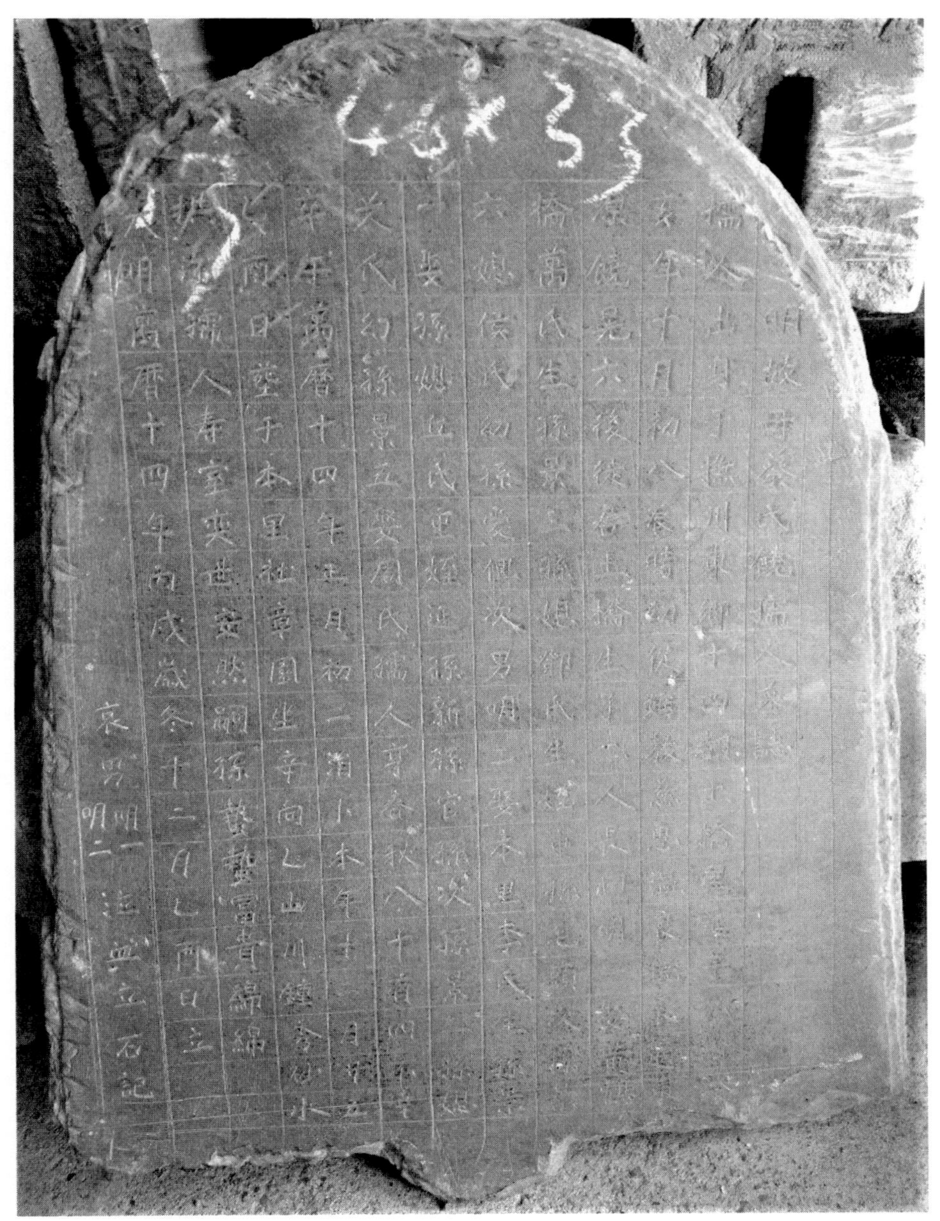

七十二、薛鳳徳墓誌　萬曆十五年（1587）十二月十六日

明故處士薛公墓誌銘／

儒學廩膳生員邑人南□程邦圖譔。／

鄉進士邑人安□強自修篆書。／

處士薛公諱鳳徳，字子治，號處溪，祖居城北村，韓之□族也。其先世／值元乱，無譜牒可稽，國初有諱薛者，始立籍為□氏之高祖。薛／生薛讓，讓生薛圭，圭生薛瑾，即處士君之父也。為人沉□有厚徳，配郝氏，生子四：長曰薛華；次薛舉儀；薛鳳來；又次則處士君也。生而修軀／幹，尚質朴，好施予，尤篤扵孝弟。幼失怙，事母無違志。甞醉歸，母□□／怠於家事也，戒其勿飲，遂絶不飲酒。與諸兄同居，朝夕敬事，無□□／視諸姪若子。九百家事，身任勤劳，益拓前業。□訾巨萬，堂搆成□□／及分析，一一推讓，毫無私藏。其姪今省祭官□廷禮大學生□□□／等，賢服其能積財，又徳其能讓焉。萬曆丙戌歲，連遭旱荒，里人□□／舉火者数十家。即負貸者不責其償，與人無争訟，終其身未甞入公／門。縣官聞其名，舉鄉飲，廼固辞不就。今其臥病終也，人多惜其老而／純篤如此云。處士生於正徳十二年八月初五日申時，卒於萬曆十／五年五月初三日申時，享年七十有一。孺人先卒，有誌，不具論。生男／三：孟薛天成，邑庠生，娶梁氏；仲薛天資，先娶吉氏，繼娶刘氏；季天禄，／娶杜氏，側陳氏。女一，適北隅里陳自魁。孫男五：薛國熈、國宣、國能，天／成子；國彦、国元，天資子。孫女三，一適帶□梁鳳鳴。曽孫一，薛／永慶。天成以是年十二月十六日，扶處士柩葬於庄之西北，新阡也。／先期，請予銘，予惟銘曰：／

川維曰處，山維曰梁。山川流峙，猗歟有常。薛公毓秀，厥□純良。垂之貞珉，世世永昌。

七十三、楊翠娘墓誌　萬曆十九年（1591）正月十二日

四十五都辖溪小礤下李／母楊氏翠娘，娶西隅楊家／老行長女。生己亥年九月／十九日戌時，歿萬曆十八／年二月初一日午時。于十／九年正月十二日亥時葬／肖家山，龜形未山丑向，兼／丁□三分。夫主李良憲，孝男相、□、梓、杠、棟，／孝孫應□、和秀、秋香立。

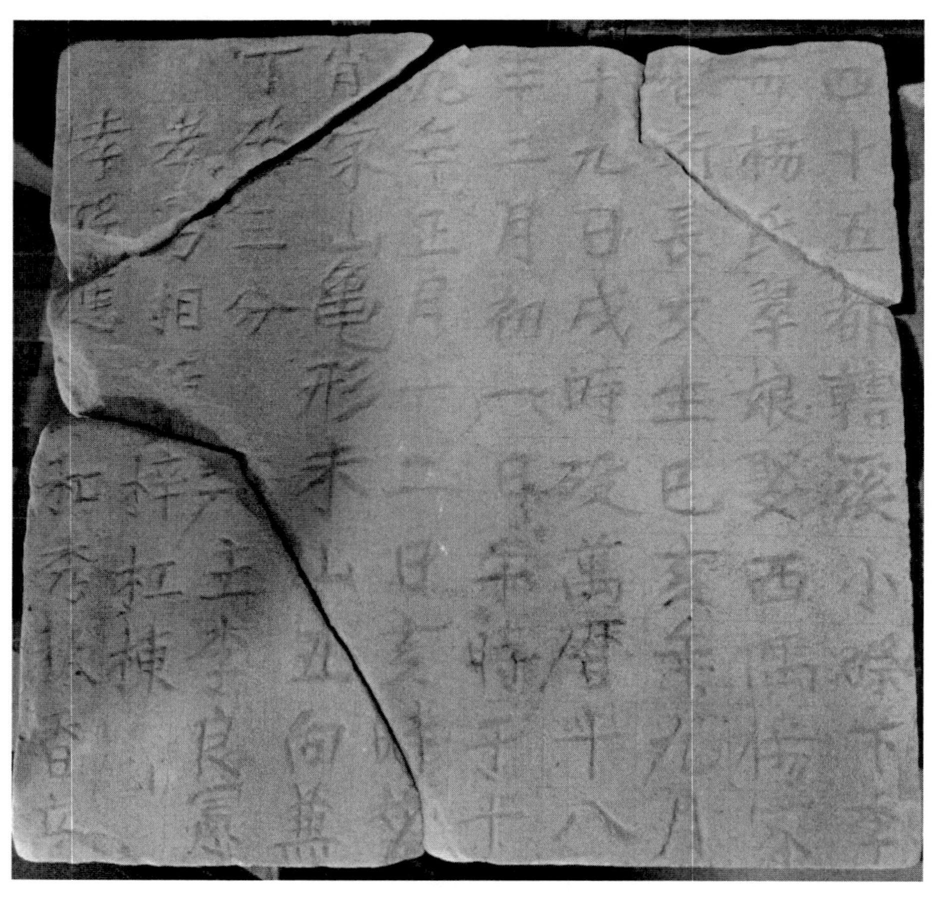

七十四、萬安王妃張氏墓誌 萬曆十九年（1591）十一月二十二日

皇明冊封妃母張氏墓志／

孤哀子萬安王褒㷆泣血稽顙謹志。／

先父／萬安康懿王薨於隆慶庚午十二月二十二日，／少司寇柱峯王公志之詳矣。越二十有二載，其繼配／冊封妃母張氏薨於正寢。嗚呼！不孝孤之弗子，以速天禍，而殞我母也。訃聞，／皇上特貺諭祭四壇、銘旌一幅、白金四十兩。厚其祭葬，乃親親之／卹典，我母之奇遭。孤卜以辛卯十一月二十二日，開先父王暨先妃母王氏之／賜壙而合葬焉，禮也。孤思母儀之湮滅，淚血淫淫，援筆三舉而三廢。已而，抆淚志／曰：母張氏，家古河南衛。外大父兵馬公憲，外大母夫人觧，生我母於嘉靖壬／午六月二十七日子時。母天性樸素，行己雍穆，深沉縝密，端莊持重。時先祖／伊敬王奉／上命，為我父王選配。以故，我母受冊封而歸我父也。母自笄適王，宮政孝順勤／儉，無毫髮驕奢，壼範雍肅。嘉靖甲子，先伯伊王國廢，／勑命父王管理國事。母拳拳以遵法／祖訓，進規父曾於國事。暇置苑囿，築臺榭，令節佳辰，與縉紳賢士大夫銜杯賦詩，／咲傲天壤。母修品膳，夜分無倦，人咸稱為賢母云。後外大父家計蕭裝，母養／盡其歡，沒盡其禮。其待我母舅，寒授以衣，飢推以食。亡之日，棺槨喪具悉自／母辦。其處宮中，樛屈逮下，略無嫉妬。庶母夫人顧氏，若陳若湯若潘，所生男／女二十餘人，母撫摩鞠育，不翅己出。居無何，庚午歲，父王不祿，母哀毀骨立，／幾傷其生。一切喪葬巨細之事，皆其所經理。遺孤居於倚閭，母訓以讀禮三／載。至萬曆乙亥，始襲為王，諄諄以恪遵侯度，保守藩封為教。先兄即世，遺嫂／孀居。母深加顧慮，未嘗呰刻少置。且命孤疏，請乞／恩養贍，以全孀嫂之節。即此，我母愛人之心，良無已已。母氣體強健，生平無大恙。／廼於厺冬，偶遘疾，屢醫罔愈。孤焚香籲天以身代，不越月，而竟捐舘，萬曆庚／寅十一月十八日也。嗚呼痛哉！母享壽六十有九。男三：曰褒煇，封長子，配夫／人李，俱早卒；曰褒㷆，即孤，襲封萬安王，配妃謝，蚤薨，繼配妃李；曰褒□，封／鎮國將軍，配夫人秦，早卒。女一，封武昌縣主，配儀賓金天爵。孫男一，珂堆。孫／女三，俱幼。孤出。謹以生歷年月、子姓姻屬備勒貞石，以示攷信。若母之芳惪／懿行，孤不敢銘。嗚呼！風木之恨，永世無極。痛哉！

石工劉科刻。

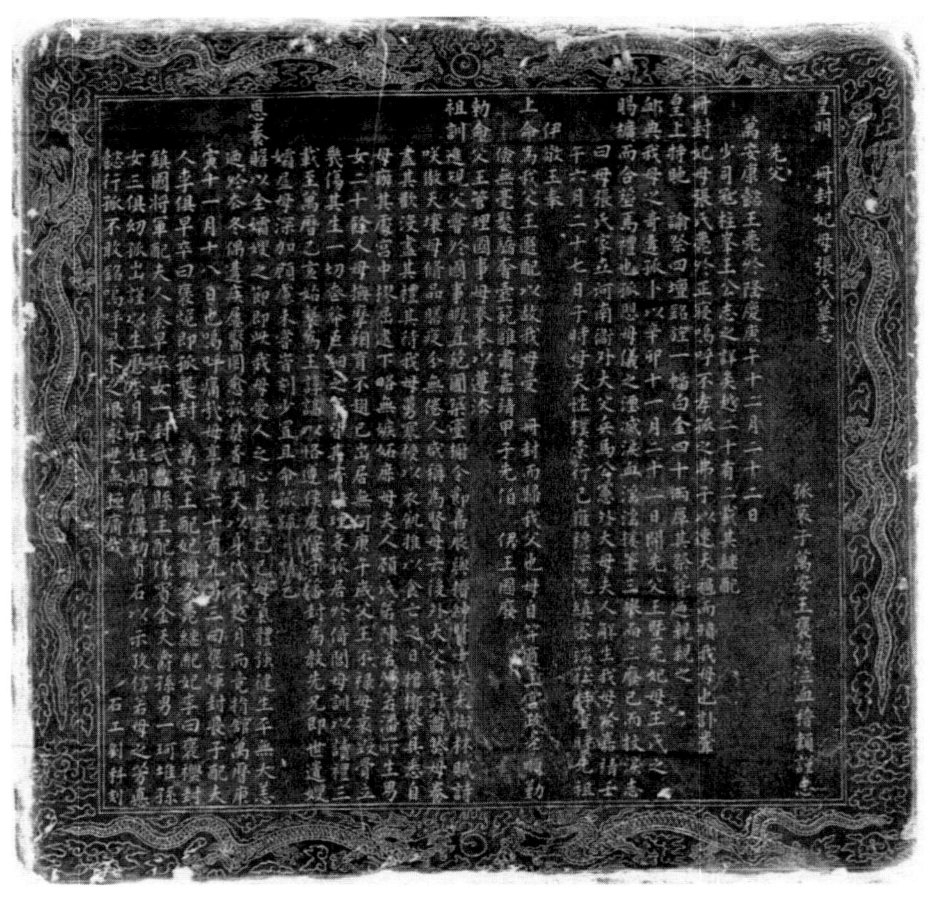

皇明　冊封妃母張氏墓志

孫長子萬安王載垙泣血稽顙謹志

先父

萬安康懿王薨於隆慶庚午十二月二十二日

少司寇桂峯王公志之詳矣越二十有二載其繼配

冊封妃母張氏薨於正寢嗚呼不孝孤之弗于以逮夫禍而禍我母也訃聞

皇上特賜　諭祭四壇銘旌一幅白金四十兩厚其祭葬之殊典視之

卿典我母之奇遘孤卜以辛卯十一月二十一日開先父王暨先妃母王氏之

鴆墉而合葬焉禮也孤思母儀之湮滅泣血謹狀筆三載而三癃已而杖衰志

曰母張氏家在河南衛外大父吳馬公愿外大母夫人郭生我母於嘉靖壬

午六月二十七日于時母天性端莊行己雍穆[illegible]先祖

伊敬王奏

上命爲我父王選配以敬我母受　冊封而歸我父也母日守[illegible]勤

儉無毫髮脂香臺[illegible]嘉靖甲子先伯　傳王國廢

勅命父王管理國事母恭奉以蓮於

祖訓進覲父晉於國事[illegible]林賦詩

咲徹天壤母備品服[illegible]無倦人咸稱爲賢母云後外大父[illegible]母奉

盡其歡沒盡其禮其待我母爲[illegible]以衣飢推以食亡之日[illegible]其志自

母爾其處宮中撫屬逮下略無嫉妬[illegible]母夫人[illegible]生男

女二十餘人母撫摩翔育不翅己出居無何庚午歲父王[illegible]母哀毀骨立

幾傷其生一切含斂[illegible]孫居於倚閭母訓以禮經三

載至萬曆乙亥始襲爲王[illegible]以恪遵保度[illegible]封爲敕先兄即世遺媍

媍屋母深加顧[illegible]且令孫[illegible]

恩養[illegible]以全媍禮之節即此我母愛人之心良[illegible]母素體强健生平無大恙

迺於[illegible]冬偶遘[illegible]天以身代不[illegible]月而竟捐館舍距生

寅十一月十八日也嗚呼痛哉母享年六十有九[illegible]封長子配夫

人李俱早卒曰裏垙即孤襲封萬安王配妃謝[illegible]繼配妃李曰[illegible]封

鎮國將軍配夫人秦早卒女一封武[illegible]縣王配[illegible]孫男一[illegible]孫

女三俱幼孤[illegible]石以示[illegible]母之[illegible]

懿行孤不敢銘嗚呼[illegible]哉　石工劉科刻

七十五、李春蕃及妻符顯英陳叔悌合葬墓誌　萬曆二十四年（1596）八月二十四日

南豊縣李公守愚偕母符氏陳氏孺人墓誌／

公諱春蕃，表汝楨，號守愚。公生嘉靖戊戌十七／年十二月二十九日寅時，卒于萬曆戊寅六年／正月二十六日酉時。母符氏，二十五都下浯符／公紳長女，諱顯英。生嘉靖丁酉十六年十月初／三日丑時，卒於萬曆甲戌二年二月十四日寅時。繼母陳氏，四十六都陳公廷亮幼女，諱叔悌。／生嘉靖乙卯三十四年四月初五日丑時，卒於／萬曆丙申二十四年八月二十四日亥時。男秉／宣，婦九都熊朴所長女，孫曰鱗、曰鲂、曰鰽、曰鯉。／女敬順，適西隅元以郁。公與母塋於七都黎宅／屋後祖山，其山家正作寅山甲向，兼甲庚。追念／父母早年遐逝，愛日無由。繼母陳氏相父勤儉，／撫孤懇切，方賴幹維，不意云忘。予繼母思深義／重，禮當合塋。諦思父母，痛刺傷心。卜塋安厝，永／藉地靈，蔭我兒孫於萬斯年。謹以是為壙誌。

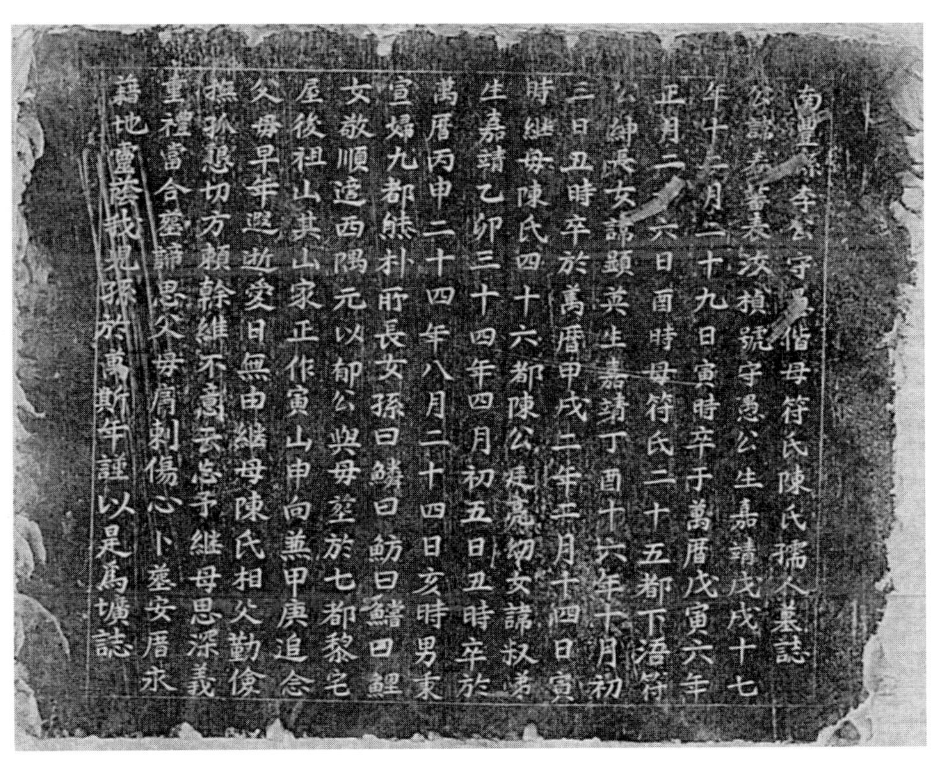

七十六、鄧氏墓誌　萬曆二十四年（1596）九月十三日

額正書：余母鄧氏墓銡銘

余母鄧氏墳四孺人墓銡銘／

族人石塘余芬撰文。／

堂侄正廷士儒書丹。／

孺人乃新城下洋鄧華公長女，其族素以閨教聞。／及笄，適予公侯族侄碧臺，行墳四。自帰，宜家事，敦／孝道，無非仪，克勤儉。贊翼創闢，駸駸進盛，內外咸／称其吴能也。生子四，女一：長錦五，娶李，生孫顕五、十一、／十三；次錦七，娶罗，生孫显十三、七、卄四；又次錦十，娶黄，生孫／显十九；纫子錦十一，娶黎，生女孫迎悌；女辛悌，適汾／水潘富十二。孺人生加靖十七戊戌年十月卄夘時，歿／万曆卄四丙申年六月十六午時，享年五十九。今／卜本年九月十三丙午日，安塟屋左蛇山。正作艮坤，／兼寅申向。择迁淂所，紀实罔文。銘曰：／

生有懿德，歿有幽光。卜兹宅兆，天定厥祥。／峙流環遶，瘞玉允臧。福荫後裔，長發其祥。／

皇明萬曆弍十四年丙申歳九月十三日立石。

余母鄧氏墓誌銘

明余母鄧氏墳四孺人墓誌銘
族人石塘余芬撰文
堂侄三正廷士儒書丹
孺人乃新城下洋鄧華公長女其族素以閨教聞
及笄適予公侯族侄碧臺行墳四自歸宜家室敦
孝道無非儀克勤儉贊翼創闢艱；進盛內外咸
称其吳能也生子四女一長錦五娶李生孫十五
十三次錦七娶罗生孫孫昱十三昱十四又次錦十娶黃生孫
昱九幼子錦十一娶黎生女孫迎悌女新悌適殷
水潘富十三孺人生加靖七戊戌年十月廿卯時
方曆廿四丙申年六月十六午時享年五十九今
卜本年九月十三丙午日安塟屋左蛇山正作艮坤
燕宾申向擇廷得所記其因文　銘曰
生有懿德　歿有幽光　卜茲宅兆　天定厥祥
峙流環遶　瘞玉光藏　福蔭後裔　長發其祥
皇明萬曆弍十四年丙申歲九月十三日立石

七十七、何氏墓誌　萬曆二十八年（1600）二月十日

明故先母何氏墓誌銘／

孤哀子誠泣血撰。／

方子誠曰：嗚呼哀哉！吾母之墓也。不肖孤方抱恨終天，何忍誌之。然葬／事期迫，又懼懿行湮滅，無以詔後人，謹泣血而次其槩焉。母何氏，外祖／典膳公諱瑭，母外祖母張孺人生母於磁澗之里第。母幼沉慧，不類凣育。／父母鍾愛之，難其配。典膳公與先太父兵馬公俱仕伊藩，昕夕交驩，知／府君才，遂通媒妁，十七歸府君。歸即諳壼政能，宜其家人。時曾大父安吉／公謝政居里，大父通姻藩封，喜賓客，客常滿座。汪大母性復嚴急，一切讌享／之具取給於母，敦吶而辦。且婉愉承顏，克當大母之心。大父以伊藩罣／誤累年，府君仲父往來汴洛者歲無虛月，母傾囊篋佐其費。每每焚香露／禱中夜，常不交睫。事卒得昭雪，母之內助者多矣。仲父早世，遺女當婚，值／家道中微。母曰：「不比叔在也。」脫簪珥稱貸以資其妝。即己之出，無以過之，／迄今大為洛人所誦說。教不肖孤洎諸孫，不為姁姁之愛。即孤叨中丙子／科名，訓誨未嘗少弛。大都母性高明識大義，無論婣睦之誼，六親稱德。雖／臧獲下隸，亦戴恩而不以患難貳其心。至女紅飲食之精，不可縷數已。不／幸，萬曆乙酉歲嬰手足痿痹之疾，口噤弗能言十餘年。至去歲己亥正月／十一日，前疾大作，醫禱罔效，終於正寢。嗚呼傷哉！籲天不應，徒有長號而／已。距生嘉靖九年庚寅七月二十八日，享壽七十。生男一，即不肖孤，娶朱／氏。女一，適庠生翟君備。側室女一，適李君從古。孫男五：長可薦，庠生，娶舉／人董君獻策女；次可立，娶舉／人温君源女；三可與，聘國學生徐君憲古女；／四可觀、五可仕，聘庠生青君筵女。孫女三：長適朱懋梅，次適劉玉琚；三適／庠生温廷梅女，早卒。曾孫男一，法英。曾孫女二：長許庠生劉君芳裕子京／周；次幼。俱可薦出。諏今年二月初十日，啓府君之竁而合葬焉。音容永隔，／哀慕無從。又泣血而系之銘曰：

父耶見背，母亦弗延。何恃何怙，引淚髙原。／欲養不逮，吁嗟乎蒼天。／

哀孫可薦填諱。

明故先母何氏墓誌銘　孫哀子誠泣血撰
方子誠曰：嗚呼傷哉！此吾母之墓也。不肖孫方抱恨終天，何忍誌之，然塋
窆期迫，又懼懿行湮滅，無以詔後人，謹泣血而次其槩焉。母何氏，父外祖
典膳公諱塘，母外祖母張孺人，生母於磁澗之里第。母幼沉靜，不類凡育，
父母鍾愛之，難其配。典膳公與先太父兵馬公俱仕伊藩，昕夕交驩，知先
府君才藻，通媒妁，十七歸府君。即諸臺政，能宜其家人。時曾大父安吉
公謝政居里，太父通姻藩封，喜賓客，常滿座，汪大母性儉嚴急，一切議
享之具取給於母，敏訥而辨，且婉愉承顏，克當大母之心。大父以伊藩星
謀，累年府君仲父往來汴洛者，歲無虛月，母傾囊篋佐其費，母焚香露
禱，中夜常不交睫，事卒得昭雪，母之內助者多矣。仲父早世，遺女當婚，值
家道中微，母曰：不比叔在也。脫簪珥稱貸以資其妝，即已之出無以過之，
迄今大爲洛人所誦說。教不肖孫洎諸孫，不爲煦煦之愛，即孫叨中丙子
科名，訓誨未嘗少弛。大都母性高明，識大義，無論姻睦之誼，六親稱德，雖
臧獲下隸亦戴恩，而不以惠難其心。至女紅飲食之精，不可縷數已。不
幸萬曆乙酉歲，嬰手足痿痺之疾，口噤弗能言，十餘年。至去歲己亥正月
十一日，前疾大作，醫禱罔效，終於正寢。嗚呼傷哉！額天不應，徒有長號而
已。距生嘉靖九年庚寅七月二十八日，享壽七十。生男一，即不肖孫，娶朱
氏。女一，適庠生翟君備側室。女一，適李君從古。孫男五：長可薦，庠生，娶舉
人董君獻策女；次可立，娶舉人溫君源女；三可與，聘國學生徐君憲古女；
四可觀；五可仕，聘庠生青君選女。孫女三：長適朱懋梅，次適劉玉璐，三適
庠生溫廷梅，女早卒。曾孫男一，汝英。曾孫女二：長許庠生劉君芳裕子京
周，次幼，俱可薦出。誠今年二月初十日啓府君之竁而合塋焉。音容永閟，
哀慕無從，又泣血而系之銘曰：父耶見背，母亦弗延。何恃何怙，引淚高原。
欲養不逮，吁嗟乎蒼天！
哀孫可薦塡諱

七十八、崔氏墓誌　萬曆三十二年（1604）十二月十五日

大明汪母崔氏墓誌銘

余少時與汪子汝相肄／業玄関，聞其獲配崔公見臺長女，乃洪氏孺人之／所出也。余忝通家，熟聆其温柔慈順。余儕僉曰：「佳／哉賢婦，真良匹也。」甫数年，又見其生子萬春，岐嶷／敏慧，咸知淑人厥後昌矣。方半紀而即謝絶人間。／乃於是年臈月十五日，卜葬于祖細山之陽，癸／山丁向。因請銘於余，余曰：「夫塚而曰墓，志思也；墓／而曰銘，志實也；銘而必以石，志久也。」今惟録其實／即銘矣，安能更爲揄揚乎。淑人生於辛巳年十二／月廿四未時，歿於甲辰年三月初一日辰時。天命／雖促，然德如是，千古有餘芳矣，請直書之以為銘。／

萬曆甲辰年季冬吉旦，建昌府陳椿頓首譔。

大明汪母崔氏墓誌銘　余少時與汪子汝相肄
業玄關聞其獲配崔公見臺長女乃洪氏孺人之
所出也余忝通家熟聆其溫柔慈順余儕僉曰佳
哉賢婦真良匹也南数年又見其生子萬春岐嶷
敏慧咸知淑人厥後昌矣方半紀而即謝絕人間
世乃於是年臘月十五日卜瘞于祖細山之陽癸
山丁向因請銘於余余曰夫塚而曰墓志思也墓
而曰銘志實也銘而必以石志久也今惟錄其實
即銘矣安能更為揄揚乎淑人生於辛巳年十二
月廿四未時歿於甲辰年三月初一日辰時天命
雖促然德如是千古有餘芳矣請直書之以為銘
萬曆甲辰年季冬吉旦建昌府庠生陳椿頓首拜

七十九、郭時安及妻董氏合葬墓誌　萬曆三十三年（1605）三月八日

□□□、徵仕郎、中書舍人雲亭郭公暨配贈孺人董氏合葬墓誌銘／

賜進士第、光祿大夫、太子太保、禮部尚書、兼文淵閣大學士、知／制誥、／經筵總裁、／國史會典沈鯉撰文。／

賜進士第、中憲大夫、奉／敕總理粮儲提督軍務、兼巡撫應天等府地方、督察院右僉都御史、前大理寺少卿、廣西道監察御史陳惟芝篆盖。／

賜進士第、修職郎、行人司行人、奉差冊封周府陳心傳書丹。／

封中翰雲亭郭公之卒也，元配董孺人前卒幾四十年所矣。其冢嗣給諫君如星自為状函書京邸，請余銘而納諸幽。／余謝不敏，第其語切而悲，手讀不可竟，竟不可復讀也，忍辭。按状，公諱時安，字子行，別號雲亭。國初，始祖諱廷彥者，／自偃師徙居新安。五傳生禮，禮生蓬，號石橋，盖公父也。娶藍夫人，生公。公性醇樸質直，少習舉子業，補邑弟子員，有／聲博士籍中。娶董孺人，孺人生而莊静孝謹。歸扵公，夙夜劬勤，組織紡紝。事舅姑，咸得其歡。且性儉，澣濯之衣闕，尚／彌縫，公用是鮮內顧憂。無何，遘疾且革。謂公曰：「吾知已矣，切勿令二子廢學，兩女不閑壼範也。」竟不起。藍夫人痛哭／曰：「天胡亟奪我孝婦也。」鞠諸孤，昕夕傷悼，如是者若而年，遂以喪明。此足以槩孺人矣。公緣數奇，復見給諫君髫齔／雅負奇，遂輟博士家業，一意延師，督給諫君以學，且躬課之，無遑晷。給諫君甫丱角，即補邑諸生，盛有時名。弱冠，廩／於庠。無何，而藍夫人、石橋公相繼即世。大喪踵至，公悉擗摽泣踴，幾於自絶。用是，得首眩耳鳴。且力疾兩襄大事，／一切辦具稱備禮，時姻黨以為戚易兼焉。無何，伯女歸王氏，以殉夫逝。公哭之痛，久之，自慰曰：「曩者若母虞若不壼／範閑也，今以烈歿，若母有靈，輝遊泉下矣！我何痛為。」無何，仲子蚤卒，公哀而傷，給諫君多方慰觧之。公曰：「吾竊冀而／伯仲顯也，乃如斗逝矣！若其趨若業，庶少畢吾願乎。」給諫君勤勵益倍徃昔，以大曆乙酉登鄉薦。己丑，成進士起家。／中書公諭之曰：「而其為廉吏，其以而父為廉吏父也。」給諫君以是官中秘，廉節最著。用秩滿，／封公如其官，贈董為孺人。公喜曰：「吾久困諸生，夫使我自貴，孰與兒貴我耶！」給諫君出使慶藩，奉帝綸，焚其副，泣抱孺／人弗逮之痛。有頃，給諫君用高等，擢諫議，迎養公於京邸。公誡之曰：「諫官，鉅任也。儻依阿緘嘿，無倫負職，其如媿而／妹氏何。」給諫君敬受命。自入掖垣，歷左右，擢吏刑

都諫。慷慨直言，折檻批鱗，不避權貴。一時縉紳稱服，聲動海內矣。／公大喜曰：「兒任為諫官乎幸甚，夫我以子貴，又奚若更以子聞也。」蓋給諫君自通籍迄今，十有六年矣。當為中秘，則／為名中秘；為諫議，則為名諫議。固其屹屹自豎哉，而公所為詔誡而成立之者遠矣！公狀貌古樸而矜重名義，不肯／毫髮下人，亦不肯假借片言阿人顏色。然其衷慈悲，有德於公，即一飯必報；有約於人，即一然諾必踐。且周急恤困，／鄉人咸德之。蓋公有封十年往矣，而儉約如曩時，周身縷縷皆素衣。給諫君每致華服為奉，公一再御，輒笥之。至所／得命服，終歲亦不數御。出入徒步，一僮自隨。遇敵己以下，欵欵立語，俛而讓左，若不知其為貴人父也。郡國守相臺／察時時辱干旄，公自秘，謝無見。以故邑侯某某每語人曰：「郭封君見且猶弗得亟，而矧席其子幹長吏者權乎！」屢賓／公飲於鄉，公再三遜謝，堇一再應，後堅却不出。人以是益多公讓。至其家庭倫誼，尤為悃悃淳備。居常懷二親不置，／歲時享祀，務腆而禮，其孝友蓋天性云。公中年用哀毀體羸，六十彌健。既七十，猶神完氣勁。手作細字講語，為冢孫／訓解。冢孫頴異，不類凢兒。一再過目輒成誦，且曉大義。公奇之曰：「此子異日必繩父武，第吾不及見耳。」公嗜田園，給／諫君爲卜地搆屋，引流沼蓮種樹，奉公遊息往來其間。矍矍疾步，壯夫不逮，人以公為難老。乃偶爾弗快，含笑而終。／遠近聞之，靡不哀慕云。距公生嘉靖戊子九月十七日，卒萬曆癸卯十二月十九日，享年七十有六。配董孺人，生嘉／靖乙未十月十八日，卒隆慶丁卯九月十二日，享年三十有三。繼娶劉氏。子男二。伯即給諫君如星，萬曆己丑進士，／由中書舍人歷吏科都給事中。娶孫氏，邑廩生寥霓女，早卒，贈孺人。繼娶靈寶許氏，知縣茂梅女，封孺人。仲如斗，庠／生，娶仝氏。女二：伯適王翠秀，以殉夫逝，奉旨樹坊，旌表貞烈，建祠歲祀；仲適陳保民。俱董出。孫男一，起龍，聘知縣／洛陽王之鑰女。如星出。孫女四。一適兵馬靈寶王省方子願見；一字行人司行人洛陽陳心傳子明榦；一字應天巡／撫、都御史孟津陳惟芝子爌。如星出。一適王國誠，如斗出。墓在邑城東十里許澗水之陽，給諫君所卜。歲庚子，疏／請遷葬董孺人並公考妣，而公故徘徊瞻眺樂丘也。今以大曆乙巳歲三月初八日，奉公柩合葬焉。夫俗之侈也，漸于／衆庶，况封君貴人，席勢馮寵，足自尊大為娱樂。而公樸茂恬讓，終其身若寒士，豈不亦恂恂質行長者哉！以故天／祚明德，忠臣烈女，萃於一門也。猗與休哉！是可以銘公矣。銘曰：／

宇宙真璞，寧以世漓。今人古心，如公者稀。式穀爾子，食報爾躬。哲嗣忠顯，貞女烈旌。積善者祁，抱德者昌。維公夫婦，／篤慶無疆。百年以歸，玄宅永藏。摛諸石億，奕世彌光。

石工侯金柱鐫字。

八十、丘氏墓誌　萬曆三十四年（1606）三月四日

明故浚仪郡趙母丘氏孺人墓誌／

嗚呼！趙母生也，本邑六都柿山丘氏望族裔，受／生於嘉靖己酉年二月二十一日丑時。待年及／笄，出嬪邑東隅趙安所君爲正室也。公諱子仁，／先年配一都胡君文思公女，生子伯禎，娶譚氏，／生孫師孔、師曾、師程、師發。胡母早逝，再娶邑西／鄒君大經公女，又沒，復憑媒議親丘母。于嘉靖／辛酉年十二月吉日，于歸趙氏。丘母治家克勤／克儉，家政井井。趙君出仕南直隸鳳陽府壽州／蒙城縣縣丞，經涉江湖，夫婦協吉。母後相夫治／第，朝夕勤謹。不幸于萬曆丙午年正月十六日／午時終於正寢，母享年五十八歲。玆擇地得六／都考塘嶺之吉穴，甲山庚向。且與胡母、鄒母同／山墳，庶共用春秋祭奠。今擇取丙午年春三月／壬辰初四日壬申甲辰時上吉，謹刻石以告幽宮，垂萬年于不朽也。／

時萬曆三十四年歲次丙午春三月穀旦立。／

孝孫師曾、師程、師發等泣血立石。

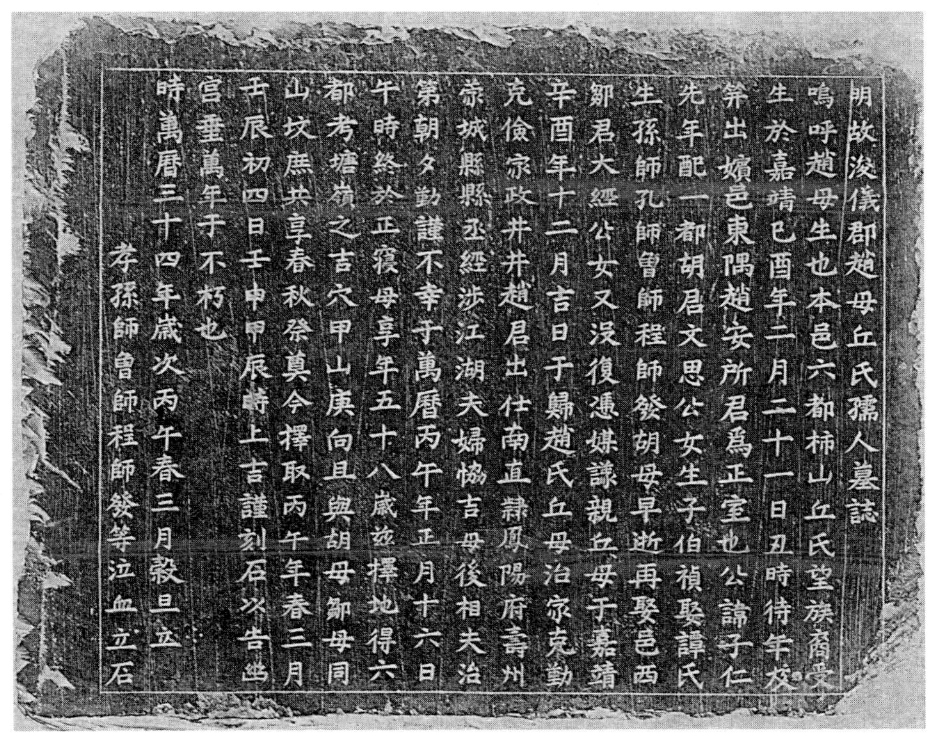

八十一、吳煥宇壙記　萬曆三十五年（1607）三月二十一日

額正書：日月／墓誌銘

明故惟明吳仲子壙記／

仲子諱煥宇，行炬八七，惟明其字也。席光具慶，品／格溫馴；蚤業詩書，潛心經術；継緣世務，棼理綜持；／盟心夷坦，勵行勤渠；承顏膝下，毫無違忤；早躬族／衆，毫無矜疑。人方謂仲子之謹飭沖澹，諸少年所／不能企及者。豈天不祿，陡以沉溺，遂至淪軀。嗚呼！／三閭憂憤，顏氏夭迷；天有未定，事有不齊。仲子若／為不幸也，而亦数之適竒。仲子生於萬曆丙戌／年七月二十八日寅時，卒於今萬曆丁未年四月／二十六日未時，春秋止二十有二也。仲子娶黎氏，／幸於丙午七月生子國重，甫踰半週，煢煢在抱。卜／今四月二十八良日，其／尊人携孤及兄煥夏、弟煥寀奉柩塟于本里塘坊／山左，謹錄其行，誌之於壙，以垂不朽云。／

皇明萬曆叁拾伍年肆月吉旦。／

兄煥夏、弟煥寀抱孤子國重泣血立石。

日月
墓誌銘
明故惟明吴仲子壙記
仲子諱煥宇行炬八七惟明其字也庠光具慶品
格温馴蚤業詩書潛心經術継緑世務恭理綜持
盟心羡垣勵行勤渠承顔膝下毫無違忤畀[illegible]族
衆毫無矜疑人方謂仲子之謹飭沖澹諸以丰所
不能企及者豈天不禄陡以沉溺遂至淪絕嗚呼
三閭憂憤顔氏夭逝天有未定事有不齊仲子岩
為不幸也而要亦數之適奇仲子生於萬曆丙戌
年七月二十八日寅時卒於今萬曆丁未年四月
二十六日未時春秋止二十有二也仲子娶黎氏
生於丙午七月生子國重甫踰半週[illegible]在抱卜
今四月二十八良日其
尊人携孤及兄煥夏弟煥寀奉柩窆于本里塘坊
山左謹録其行誌之於壙以垂不朽云
皇明萬曆叁拾伍年肆月吉旦
兄煥夏弟煥寀抱孤子國重泣血立石

八十二、曾如璋內壙誌　萬曆三十七年（1609）十一月十三日

明故東郭隴西李母曾氏孺人內壙誌／

吾女姓曾氏，諱如璋，吾先妻湯氏出也。嫁／東隅李一椿。生男時榮，娶東隅王璐公女；／生女淑賢，適西隅湯廷表公長子祚昌。吾／女稟性勤儉而孝敬不違，府君早逝，而氷／操自如。義方訓子，仁慈御下，而宗黨無不／稱之者。詎意一疾，卒於萬曆戊申歲十月／初五日申時，時年止三十有五。萬曆三十七／年十一月十三日寅時，卜葬於十三都山／名上潺潭頭，其地亥山巳向，兼壬丙三分。／與夫同穴，女在左，夫在右。吾悲其克苦於／前，而不得安享於後，以見其子之□立也。／故為之銘，以垂不朽。／

南豐縣邑西曾維邦謹誌，／萬曆三十七年歲次己酉孟冬月十三日，／孤哀子時榮泣血立。

八十三、崆峒鄉君朱氏壙記 萬曆三十九年（1611）二月二十日

明誥封崆峒鄉君室人朱壙記／

哀夫儀賓劉芳新泣撰。／

余生不辰，自襁褓時，遭先大夫我滄公見背，賴／母封孺人亢暨文□念滄諸兄撫育。成穉時，／值／方城王府將軍殿□皋岡公奉／命為二侍長選賓，余以有司命，得預其選。及下嫁，例／封崆峒鄉君，余亦得叨冠裳。相配数載，不以王姬貴／顕驕倨自恃。上奉余母，克盡婦道。偕處諸嫂，怡／怡如也。且御下有恩。余夫婦好和藹如，琴瑟之／鼓。猶時時以勤學勗余，期無墮父兄之家聲。余／自幸得遇內助，矢志儒業，以求進取，庶遂鄉君／之善念耳。居無何，屢遭產患，不果樹一男女，竟／以胎孕殞矣。嗚呼慟哉！嗚呼慟哉！夫以鄉君負／清秀之質，出王侯之門，敦孝敬之節，崇勤儉之／風。即不敢附拎關睢葛覃之後，亦可無媿拎晚／世之婦道矣。距生萬曆十七年三月八日，卒三／十八年十二月二十九日，得年僅二十有三。余／遵母命，卜次年二月二十日，瘞拎先大夫塋次。／未敢録其淑懿，聊叙其生卒歲時，以識不忘云。

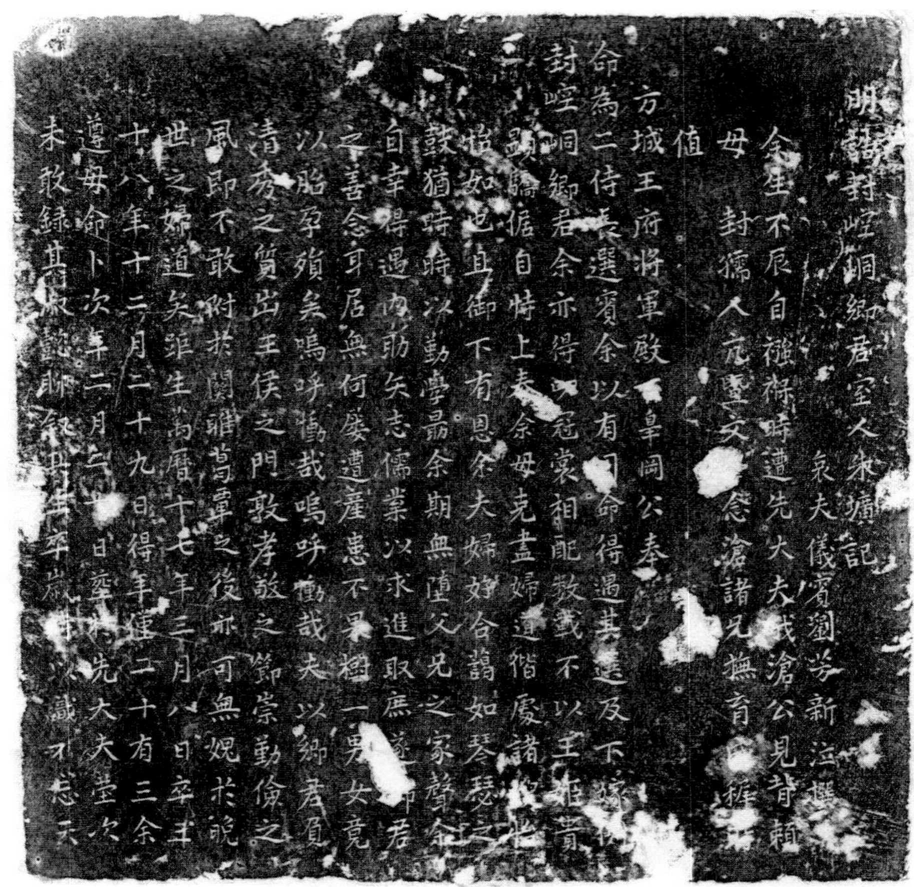

八十四、朱翊鋌殘壙誌 萬曆四十五年（1617）

大明益國皐平王……／王諱翊鋌，／益恭王孫，廼／皐平懿簡王之長……／母妃李氏。／王生於嘉靖乙巳……／冊封為／皐平王。于萬曆四……／追封嫡妃鄭氏。先故，生……／繼妃丘氏，生子常……／長子常潩生長……／賜名者多，不便詳書。訃……／聞，輟朝一日，／遣官諭祭，／命有司制喪塟如制。在……／三都地名黃坑……／王以金章封拜，玉……／養未艾，蓬島倏……／

大明萬曆四十五年歲……

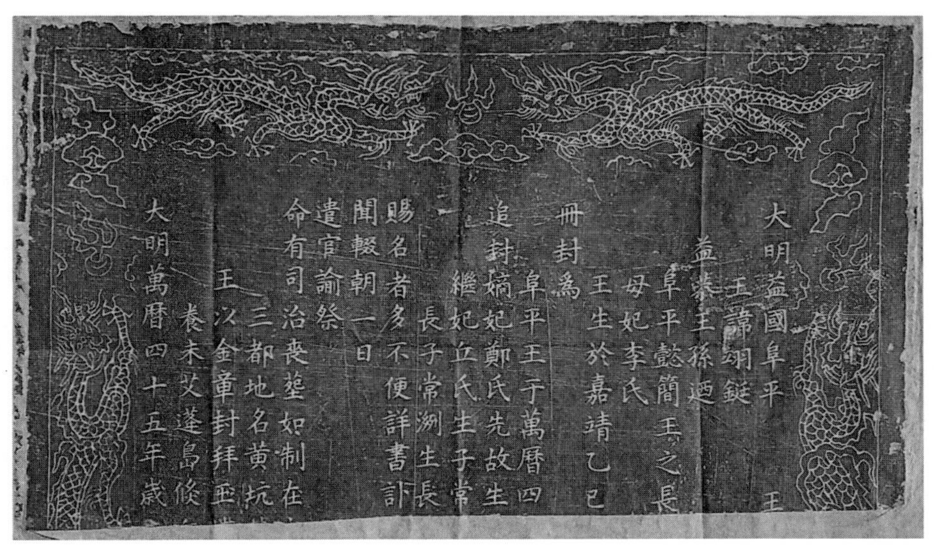

八十五、温廷欅墓誌　天啓二年（1622）四月八日

明汝州庠廩生鳳麓温君墓誌銘／

承德郎、陝西臨洮府通判閭吾李希閔撰。／

鳳麓君諱廷欅，字仲森，姓温氏。即王禄守備諱廷梼之弟，河南都司諱沚之子也。家世載父／兄誌中，玆不復贅。君生有異質，五歲即能屬對。客有訪父者，命以對，輒應荅如嚮，父甚鍾愛／之。七歲，隨兄就外傅，日誦數百言，過目不忘。其傅語君父曰：「仲子資性不凡，大君門户者其／若人乎。」君父亦時就舘舍訓課講讀，期以文章顯名當世，追蹤曾祖大谷公後塵云。萬曆乙／未，父遘疾見背，君年甫十五。家務聽長兄綜理，得專心扵學。越二歲，長兄襲祖戢，将携家居／汝，母夫人恐君以家累廢業，獨畄雒不就禄養。朝夕丸熊指誨，君亦敏于從誨不倦。庚子，督／學陳公按臨試士，君入試，遂為陳公擊節稱賞，取充汝庠博士弟子員，時君年十九。既遊黌／□，抑且婚取，浸浸老成，可托家務矣。長兄乃迎母並纫弟至汝，一切家務悉付扵君。君有幹／理才，事無大小，皆能處分秩然有條。而鄉黨戚屬交口譽之，喜其少年善持家也。然嗜學之／篤，初不以接人應事少雜其念。有暇，即展卷批閱，無問寒暑。每與二三契友會聚，課文切磋／觀摩。自是，而學日益富，文日益工。乙巳歲，復見賞于督學梅公，據所作而喜曰：「天才駿發，藻／思雲流，舉業利器也。」取置高等，補汝庠廩餼。無奈數蹇，屢躓場屋，竟不獲售。君抑鬱，甞自言／曰：「諺雲：『讀書由人，功名由天。』信矣夫！吾惟盡其所當為耳。」乙夘歲，長兄陞王禄店守備，母／年高步欲偕徃，乃自汝返雒，君與兩弟晨昏定省，怡顏膝下，相期侍母于百年。但其苦讀便／血，遇勞輒犯。及戊午夏，其犯轉甚，血繼以痢，痢後瀉更弗止，遂溘焉不禄。距生扵萬曆九年／辛巳九月二十三日戌時，卒扵四十六年戊午七月初六日巳時，得壽僅三十有八。嗚呼！君／抱志鵬飛，期将乘風萬里，扶摇直上。乃壯志未愜，二豎為妖，奄乎棄世。致令老母倚門絶望，／弱子陟岵孔瞻，少婦孤燈掩袂。興言及此，慟哉傷哉！情胡能已。君初娶昌氏，繼娶董氏，又繼／陳氏，又繼李氏，皆蚤卒。又繼陳氏，在室，為未亾人。生子四：長曰烺，聘遊擊將軍李君崇嗣女，／董出；次曰煊，聘河南府庠生方君謹女；次曰熛，㓜未聘，俱陳出；次曰焥，纫未聘，在室，陳出。女／二：長適予孫男元亮，烺之同母姊；次許河南府庠生牛君光炤子坊，煊同母姊也。卜以天／啓二年四月八日，安厝扵都閫君遷塟新塋穆次，爰系以銘曰：

君方萬志扵學也，夫孰得而／禦之。及其遺疾以逝也，又孰淂而留之。吾重悲其壽之弗永，吾更惜其志之無成。君志不沒，／尚有賴庠斯銘。

哀弟汝庠廩生廷橓泣書並篆蓋。

明汝州庠廩生鳳麓温君墓誌銘
承德郎陝西臨洮府通判闗吾李希閔撰
鳳麓君諱廷櫸字仲森姓温氏即王禄守備諱廷揚之弟河南都司諱廷□之子也家世載父
兄誌中茲不復贅君生有異質五歲即能屬對客有訪父者命以對輒應答如響父甚鍾愛
之七歲隨兄就外傅日誦數百言過目不忘其傳語君父曰仲子資性不凡大君門戶者其
君人乎君父亦時就館舍訓課講讀期以文章顯名當世追踪曾祖大谷公後塵云萬曆乙
未父遺疾見背君年甫十五家務聽長兄綜理得專心於學越二歲長兄龍祖戎將携家居
汝母夫人望君以家累葉獨面雖不能祿養朝夕九能指誨君亦敏于從誨不倦無子暨
學陳公按臨試士君入試遂爲陳公擊節稱賞取充汝庠博士弟子員時君年十九既遊黌
泮抑且婚娶浸浸老成可托家務矣長兄迎母並幼弟至汝一切家務悉付於君有幹
理才事無大小皆能處分秩然有條而鄉黨咸屬交口譽之嘗其少年善持家也然嗜學之
篤初不以接人應事少離其念有暇即展卷披閱無間寒暑每與二三契友會聚課文切磋
觀摩自是而學日益富文日益工乙巳歲復見賞于督學梅公據所作而喜曰天才駿發藉
思雲流舉業利器也取置高等補汝庠廩餼無奈數奇屢躓棘屋竟不獲售君抑鬱嘗自言
曰諺云讀書由人功名由天其信矣夫吾惟盡其所當爲耳乙卯歲長兄陞王禄店守備母
年高不欲偕往乃自汝返雒君與兩弟晨昏定省怡顏膝下相期侍母于百年但其善讀便
丕遇勞輒犯及戊午夏其犯轉甚丕繼以病病後溺更弗止遂溘焉不祿距生於萬曆九年
辛巳九月二十三日戌時卒於四十六年戊午七月初六日巳時得壽僅三十有八嗚呼君
抱志鵬飛期將乘風萬里扶摇直上乃壯志未伸二豎爲妖奄忽棄世致令老母倚門絕望
弱子陟岵空瞻少婦孤燈掩袂興言及此慟哉傷哉情胡能已君初娶喬氏繼娶董氏又繼
陳氏又繼李氏皆蚤卒又繼陳氏在室爲未亡人生子四長曰焜聘進擊將軍李君崇嗣女
董出次曰煊聘河南府庠生方君諱女次曰熛易未聘俱陳出次曰焥幼未聘柱室陳出女
二長適予孫男元亮焜之同母姊次許河南府庠生牛君光烈子焴煊之同母妹也卜以天
啓二年四月八日安厝於都闔君遺塋新塋穆次爰系以銘曰君方萬志於學也夫孰得而
禦之及其遺疾以逝也又孰得而留之吾重悲其壽之弗永吾更惜其志之無成君志不沒
尚有賴庠斯銘
哀弟汝庠廩生廷櫸泣書並篆蓋

八十六、姜義六墓誌　崇禎二年（1629）九月一日

額正書二行：墓誌銘／明故姜公義六府君

崇德鄉八十二都大豐源上保姜義六公／娶妻曹氏，生男四子：長延一、延二，幼子繼華、冬／妹。六公陽命生於庚午年八月初一日寅時生，／大限終於崇禎二年八月二十六日辰時身故。／今乃卜葬本家後龍屋後山，正向癸丁，兼丑／未三分。自葬之後，子孫綿遠，萬代興隆。／百子千孫，萬代富貴。／

孤哀子延一、延二、繼華、冬妹立□墓。／

崇禎二年九月初一日吉旦立。

八十七、侯世千墓誌　崇禎二年（1629）九月一日

明嗣泉侯公墓誌銘／

府庠眷晚生翀一燕翼頓首拜撰。／

府庠眷晚生隆吾李家棟頓首拜書。／

按狀，公諱世千，號嗣泉。先曾大父愷，愷生曇，曇生秉彝，公之／考也。世藉此関廂，俱隱逸未仕。彝配孺人張氏，而生公／昆玉二人，公其長也。體貌魁偉，性格寬宏。少值屢空，處之恬如。雖／未事詩書，而識見過人。經營扵江湖数年，未甞存一刻薄心。／一旦翻然，興曰：「盍歸乎来，雙親當桑榆暮景，弟尚幼稚，誰奉／甘旨而承惟膝下也。」即整鞭而歸，朝夕左右，不湲遠遊。因就／本関而生理焉。公道存心，和氣接人。克勤克儉，遂至豊裕。後／湲商鹽扵運城，勤儉之心愈倍扵昔，卒致数千金，而為燕翼／裕。後謀甲第連雲，膏腴連陌，器皿物件無不充足。晚年家計／盡付二男，惟玩弄衆孫以自樂耳。且居郷恂恂，與物無競，誠／希古之偉君子也。歲在戊辰，搆疾不起，惜哉！公生扵嘉靖三／十八年十一月十一日巳時，卒扵崇禎元年四月初五日亥／時，享壽七十歲。配孺人王氏，南張里惟原女丈夫。男二：長曰／定國，次曰鎮國，俱本府掾。定國娶本廂陳詩女，鎮國娶南河／下柳鳴鸞女。孫男二：長進鳳，聘興賢坊王肇基女；次俊鳳。俱／定國出。孫女三：一字孝義里左佑民男，鎮國出；二尚幼。其男／刱建新塋扵本関西北隅，擇本年菊月上吉日而葬公焉。先／期，執公行狀泣告扵余，余雖不佞，敢辞操觚之役，秘／公行哉！因誌之，而湲銘之。／銘曰：／

奇哉侯公，自微而顕。德量恢宏，胸襟灑然。／有子克肖，有孫斯衍。宅玆佳城，永安萬年。／

崇禎二年九月初一日，不肖男侯定、鎮國泣血上石。／玉人段元昇，侄男洪、魁刻。

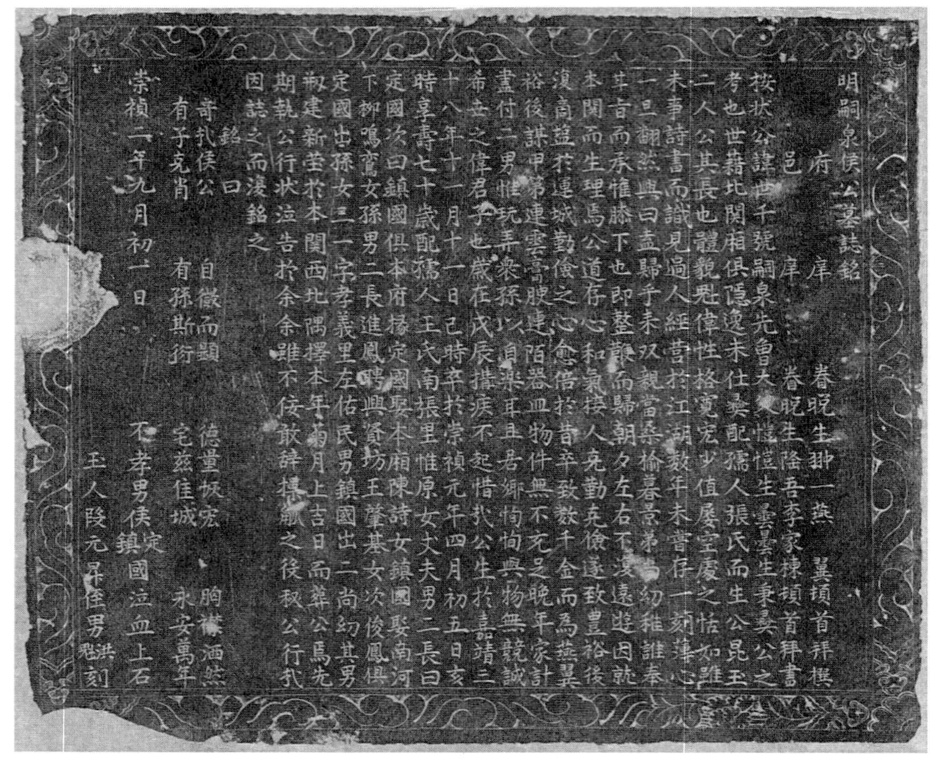

明嗣泉侯公墓誌銘
府庠眷晚生卝一燕巽頓首拜撰
邑庠眷晚生陰吾李家棟頓首拜書
按狀公諱世千號嗣泉先曾大父愷生雲晏生秉晏公之
考也世籍北關廂俱隱逸未仕娶配孺人張氏而生公昆玉
二人公其長也體貌魁偉性格寬宏少值屡空處之恬如雖
未事詩書而識見過人經營於江湖數年未嘗存一刻苟心
一旦翻然興曰盍歸乎未及親當桑榆暮景弟尚幼稚誰奉
甘旨而承惟膝下也即整𨋎而歸朝夕左右不復遠遊因就
本關而生理焉公道存心和氣接人克勤克儉遂致豐裕後
復商鹽於邊城勤儉之心愈倍於昔辛致數千金而為燕巽
裕後謀甲第連雲膏腴連陌器皿物件無不充足晚年家計
盡付二男惟玩弄衆孫以自樂耳且君鄉恂恂與物無競誠
希世之偉君子也歲在戊辰搆疾不起惜我公生於嘉靖三
十八年十一月十一日己時卒於崇禎元年四月初五日亥
時享壽七十歲配孺人王氏南振里惟原女丈夫男二長曰
定國次曰鎮國俱本府稟定國娶本廂陳詩女鎮國娶南河
下柳鳴鸞女孫男二長進鳳聘興賢坊王肇基女次俊鳳俱
定國出孫女三一字孝義里左佑民男鎮國出二尚幼其男
擬建新塋於本關西北隅擇本年菊月上吉日而葬公焉先
期執公行狀泣告於余余雖不佞敢辭操觚之後叔公行我
因誌之而復銘之
銘曰
奇我侯公　自微而顯　德量恢宏　胸襟洒然
有子克肖　有孫斯衍　宅茲佳城　永安萬年
崇禎二年九月初一日　不孝男侯定國鎮國泣血上石
玉人段元昇侄男洪魁刻

八十八、秦世子朱存樞及妃張氏合葬壙誌 崇禎三年(1630)十月十日

大明秦世子暨妃張氏合葬壙誌/

世子諱存樞，萬曆二十年正月初十日母第一/妾李氏庶生。萬曆二十五年三月十六日/賜名，萬曆四十四年七月十七日/冊封為秦世子。會選東城兵馬副指揮張元祥第/一女張氏為配，同日/冊封為世子妃。世子崇禎二年三月初五日以/疾薨逝，享年四十。妃張氏萬曆四十七年三/月初六日薨逝，無出。/上聞，輟朝三日，/諭祭。特命有司治喪葬如制。/懿安皇后等並/賜祭焉。崇禎三年十月初十日良吉，合葬西安府/咸寧縣鴻固原之次。嗟嗟！世子，以宗室至親，/享有儲位，允為藩輔，富貴兼隆。宜永壽年，溘/焉長逝，豈非命耶！爰述其概，納諸幽室，用垂/不朽云。

八十九、管湛八公墓誌　崇禎六年（1633）四月三日

額正書二行：日月／管湛八公墓誌

奇塘管湛八公號北湖，生於嘉靖／辛酉年五月十七日辰時生，歿年／癸酉三月廿五巳時。公娶童氏，生／三子：長甫四九，媳陳氏；次男甫五／五，媳薛氏。生二女：長寿英，配左氏；／幼二英。幼男甫六十，媳余氏，生女／官英。公生七十有三，癸酉年四月／初三日子時，葬公於大風源曾家山，／壬寅兼亥巳三分。／

誌曰：公秉温良，公胤茂昌。／葬于兹土，山高水長。

九十、皋平鎮國將軍夫人殘壙誌 崇禎八年（1635）七月

明益藩皋平鎮國將軍夫人……／

勑輔國……／

奉正大……／

本……／

天之所以昌大公族……／憲宗純皇帝之玄孫，／益端王之曾孫，懿簡王祖母嫡妃之十……／山。母饒愛之，為擇／宣王而請繼焉。夫人金翠……／姑，妃雖別宮，夫人迎意進……／君愛兄。禮賢揖士，宗祊……／宣王，加獎恩拔，自是不同。……／夫人痛不欲生，仲子跪……／仲子，今兄之子女養之……／理百。九權衡劑量，不……／脩，因濟一切人鬼。夫……／傷，謂曰：「吾子純然，孫」……／六根頡觧，五藴俱空……／夏月十一日丑時，享……／

銘曰：幽兮而樹……／

皇明崇禎乙亥年七月……

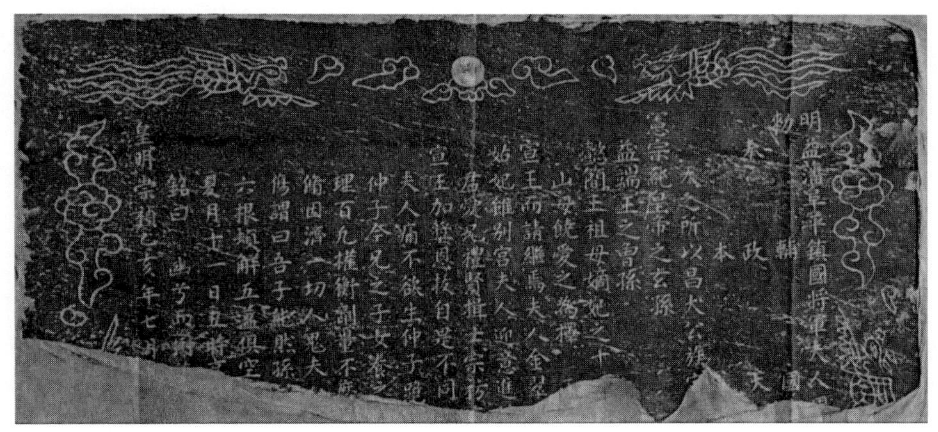

九十一、管四德墓誌　崇禎十年（1637）十一月二十六日

額正書：管完十五公誌

公行完十五，諱四德，号賓泉，生／于加靖戊午年九月初四日卯／時，娶謝氏。生子四：長泒甫卅九、／甫四六、甫五六、甫六三。男孫七：／貞六一、貞六八、陳子、石子、有生、／盛孫、石孫。女孫一，曰冬娭。公歿／于崇禎十年十月初五日子時，／終于正寢。卜葬于大楓源姜氏／宅後，傍完七公、趙氏孺人西边。／亥山巳向之源，存此永遠之計。／崇禎十年十一月廿六日立。／孤哀子管甫三九、四六、五六泣血立。

九十二、師實墓誌 崇禎十一年(1638)正月二十一日

明儒學廩膳生員方純師公墓誌銘/

邑廩膳生員王撫民譔。/

宗孫生員師彥升書。/

公諱實，號方純，字道光，世隸韓籍，共稱詩禮名族。其先君諱先覺，嘉靖辛酉貢士，任河南/鄧州教授，鄧之諸人士咸景從焉。時當路達之/宸宁，式進其爵，竟不為五斗折腰，遂致仕而旋里。二春生公，為次子。公生聰潁少成若性，其/先君特鍾愛之，撫之語其夫人曰:「異日繼吾志者，必若子也。」無何，公甫四歲，其先君以壽/考終。幸其母馮氏躬親紡績，曲成義方教，由是，公博綜經史，甫弱冠，即補博士弟子員。學業/日富，遂擅時名於萬曆間。補廩，為公期者方謂九萬不足竟其翮。乃屢試秋闈，雖未見售而/壯志已凌霄漢矣。其事母也，每承顏為笑語。一遇疾作，湯藥必親嘗。直欲享遐齡于無竟，而/後母復以大數卒。公乃慘淡腸裂，葬必以禮，所謂事死如事生，非耶！且篤於友于，業産必居/其瘠，有溫公敬兄之義；惠於朋友，有貧不自給者，甚為觧衣以助之，有文正好施之風。居恒/言必典雅，行必端方。自始至終，大德無隕。用宜皇天眷顧，福壽無疆。不意貢期伊邇，倏爾長/逝。竟使一生壯懷、百年事業，一旦付之大夢。造物似不無有憾，然天之報施善人，不於身必/於其子孫。今公季子倜儻有大志，兼胸藏五車書香，不謂無人。且四孫俱瑰杰，望而知為凌/雲器。則公留有餘不盡之數以還造化，正其留有餘不盡之福以還子孫者也。自此以往，子/貴孫榮，綿福澤於奕世者，夫豈有艾焉。公生于隆慶六年八月初四日，距歿崇禎八年五/月二十八日，享壽六十四歲。元配張氏，生子三：長履端，娶生員高元正孟女；次履正，娶劉潤/仲女；次生員履仁，娶楊復本季女。生女二：一適趙思全第四子汝階；一適恩廕□生諱張惟/俶次子生員文軔。生孫四：一名相，一名楨，幼未娶。孫女德瑗，幼未字。俱端出。一名□，幼，未娶。/正出。一名仲，幼，未娶。孫女德璠，幼，未字。仁出。今仁兒等卜吉，崇禎十一年正月二十一日厝/先君柩於新村之左，因勒而為之銘。/銘曰：

維彼東南，佳氣是纏。山環水抱，虎踞龍蟠。爰作佳城，英爽以憩。/食霞吸露，為星麗天。鬼神守護，魑魅遁潛。光前裕後，億萬斯年。/

旹崇禎十一年歲次戊寅春正月二十一日書，孤子履仁泣勒。

九十三、王鼎新及妻黄氏合葬墓記　崇禎十三年（1640）正月十一日

誌蓋正書四行：大明儒學生／員調伯王鼎／新元配黃氏／合壟之墓

大明儒學生員王鼎新暨配黃氏合壟墓記／

父懋學抆淚搦管記。／

嗚呼痛哉！吾尚忍為吾兒記耶！舉筆輙肝腸寸裂，然／吾兒隱而未見，蓄而未洩，吾不記，誰詳言哉！古人謂／一字一涕，吾為是記，一字千涕且萬涕矣！吾兒名鼎／新，字調伯，紫岩其號也。高祖諱國順，配張氏。曾祖諱／良才，配郭氏。祖諱三捷，配郭氏。父懋學，母蕭氏。兒鼎／新生而聰敏，弱不好弄。及長，孝敬尊人，承顔順志，不徒／為視膳問安已耳。十九歲，叨遊黌序，歷覽群書，克／志攻苦。方期事業千秋，而韶華朝露，竟不三九而卒／也。惜哉傷哉！吾兒生于萬曆四十二年五月十二日／子時，卒于崇禎十二年十二月二十七日巳時，得年／二十有六耳。傷哉痛哉！娶黃氏，三年而卒，僅生一女，／亦四齡而亡。悠悠蒼天，可問矣！繼雷氏，雷君昂長／女。毓秀名閥而孝事翁姑，痛夫殞亡而哀毀特至，可／以占其能守節之有終也。卜吉崇禎十三年正月二／十一日，舉鼎新柩暨黃氏合壟于祖塋之次，是為記。／石匠郭應春刊。

大明儒學生
員調伯王門
新元配黃氏
合塟之墓

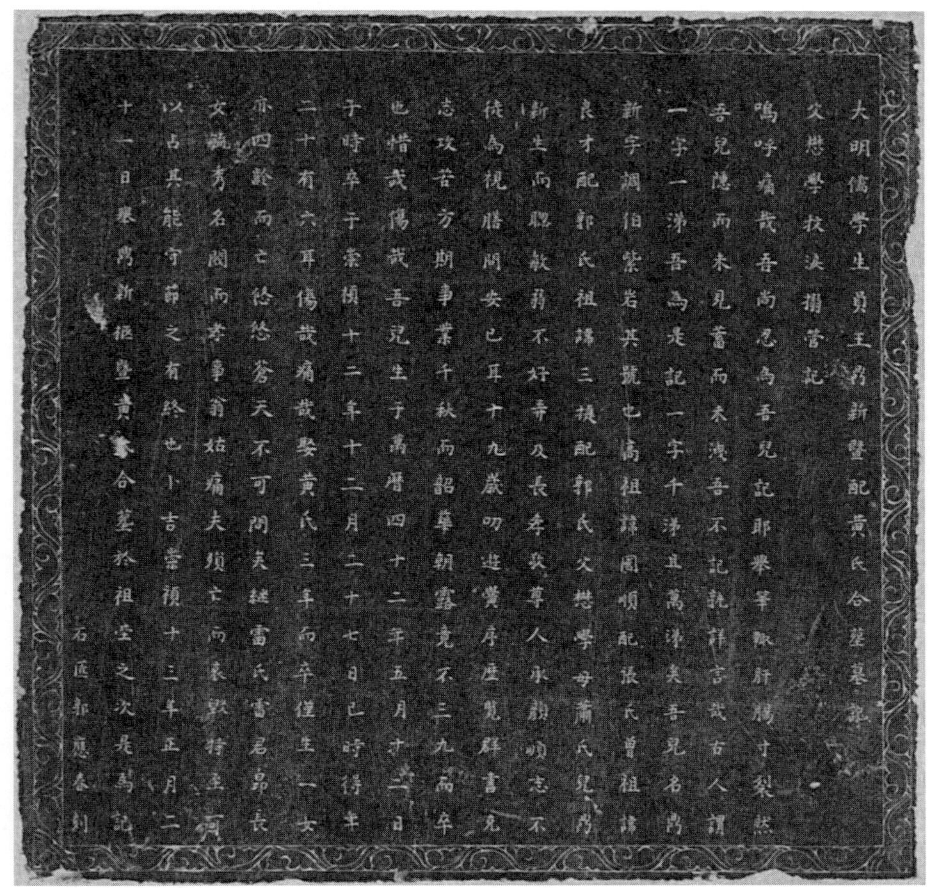

大明儒學生員王鼎新暨配黃氏合葬墓記
父懋學抆淚揮管記
嗚呼痛哉吾尚忍為吾兒記耶舉筆輒肝腸寸裂然
吾兒隱而未見蓄而未洩吾不記孰詳言哉古人謂
一字一涕吾為是記一字千涕且萬涕矣吾兒名鼎
新字綱伯紫岩其號也高祖諱園順配張氏曾祖諱
良才配郭氏祖諱三捷配郭氏父懋學母蕭氏兒鼎
新生而聰敏弱不好弄及長務致尊人承顏順志不
徒為視膳問安已耳十九歲叨進黌序歷覽群書克
志攻苦方期事業千秋而韶華朝露竟不三九而卒
也惜哉傷哉吾兒生于萬曆四十二年五月十二日
子時卒于崇禎十二年十二月二十七日巳時得年
二十有六耳傷哉痛哉娶黃氏三年而卒僅生一女
亦四齡而亡悠悠蒼天不可問矣繼雷氏雷君鼎長
女毓秀名閨而孝事翁姑痛夫殞亡而哀毀特至爾
以占其能守節之有終也卜吉崇禎十三年正月二
十一日舉鼎新柩暨黃氏合葬於祖塋之次是為記
石匠郭應春刻

九十四、秦景王朱存機壙誌　崇禎十五年（1642）正月三日

大明宗室秦景王壙誌／

王諱存機，乃秦肅王第三子，母次妃張氏。萬／曆二十三年八月初五日生。崇禎二年九／月初一日／冊封為秦世子。崇禎十二年六月二十五日，襲／封為秦王。崇禎十四年二月初七日未時，以疾／薨逝，享年四十有七。女一，未適。訃聞，／上輟朝三日，遣官諭祭，命有司治喪營葬如制。／謚曰「景」。／東宮及文武百官皆致祭焉。以崇禎十五年正／月初三日，葬於韋曲里之陽。嗚呼！／王以／天潢懿親，為國藩屏。宜享長年，永保西秦。如何／奄忽，而景命之不遐也！存隆其實，光曜／其聲。如終之際，於斯為榮。王可以瞑矣！爰述／其概，敬勒貞珉，用垂不朽云。

九十五、楊氏墓誌 崇禎十五年(1642)八月二十三日

明故應母楊氏乳名京姑，泒佳二五。孺/人生嘉靖壬戌十月十五子時，歿崇禎/庚辰正月三十巳時。配夫主應敬亭先/生，生男光祖、雲、燁，男婦黃氏、黃氏、戴氏。/男孫三才、三畏、三光、三顧、三德、三級、三/綱，玄孫天眷、天受、天衢、天禄、天與。生女/時金，配陽道行。以今卜葬孺人章嶺大窠，/鳳形艮山坤向。自葢之後，子孫寰盛，/富貴綿延，二家迪吉，萬代期昌。/

大明崇禎壬午歲八月二十三日巳時立。

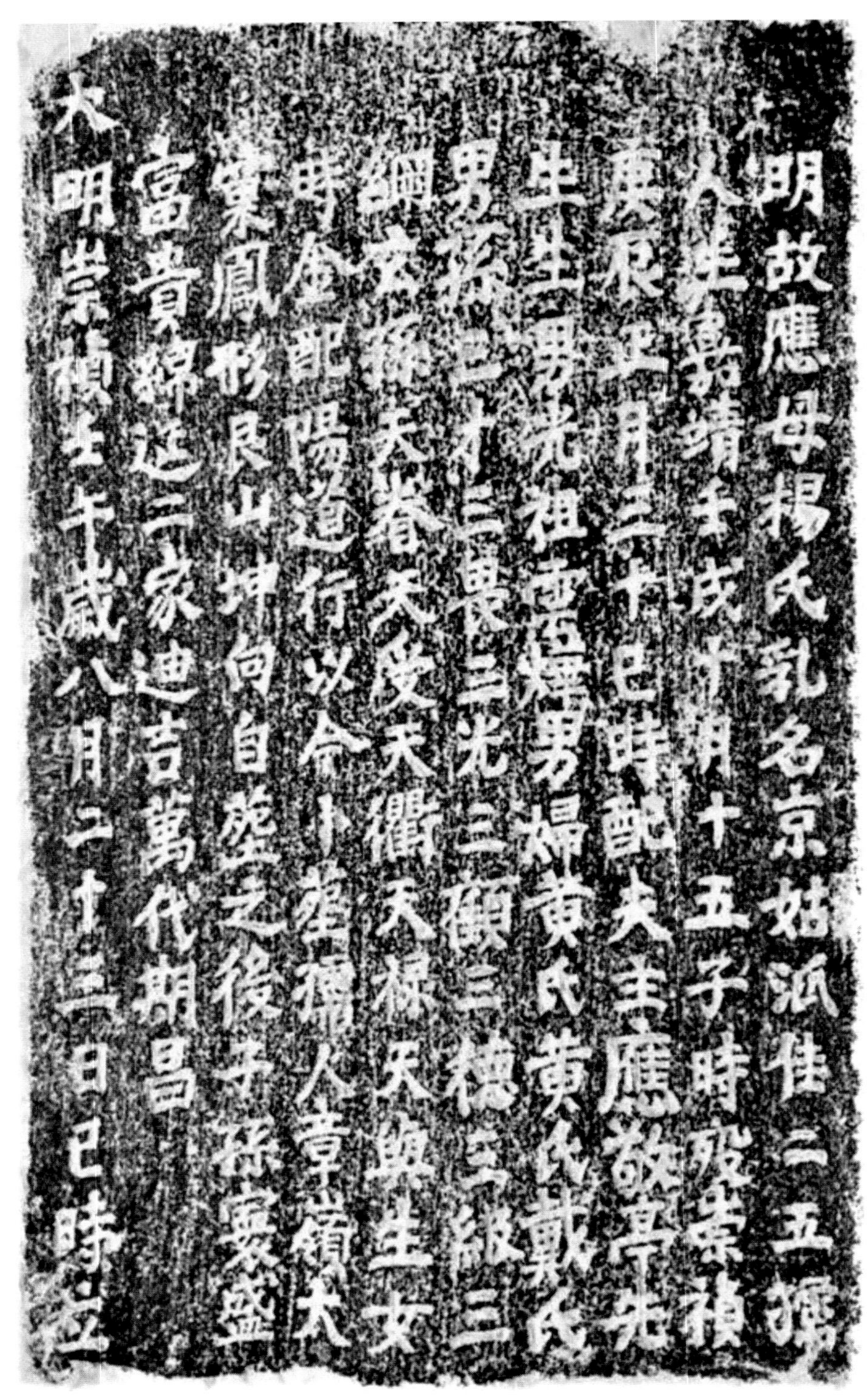
明故應母楊氏乳名京姑派佳二五孺
人生嘉靖壬戌十月十五子時殁崇禎
庚辰年正月二十巳時配夫王應敬亭先
生生男光祖配婦男婦黃氏黃氏戴氏
男孫三才三貴三光三顯三穗三緣三
綱玄孫天春天受天衢天祿天與生女
時金龍陽造行以命卜塋穩人章領大
葉鳳形艮山坤向自塋之後子孫富盛
富貴綿遠二家連吉萬代期昌
大明崇禎壬午歲八月二十二日巳時立

九十六、石氏壙記　崇禎十五年(1642)十一月十八日

誥封宜人正室石氏壙記／

此余正室石宜人藏也。宜人與余自安定卜居省□□□□□□／歲，距歿崇禎癸酉僅十年。又十年，始厝於曲江新址，惟□□□□／踈咸字，来促余必持櫬歸，至泣請罵激。以道梗不能往，其□□□／可知，予忍沒其生平哉！然旌墓之語，尚待方来。予惟書存歿歲月，／並初奠誄言於石，以俻他日採擇云。誄曰：痛惟我妻，捨我遄歸矣。／生俻善行，沒歷亨途。並栖分翔，恒理無惑。何以煩憂，必同孫楚。每／念偕處四十年，一言一動，自合內則。苟詈苟笑，不介容私。事我／二人，寤寐永念。睦此昆弟，甘苦分嘗。聮姒娣若連枝，撫妾媵如弱息。／情篤猶子，有魯義姑之風；恩覃臧獲，合柳氏母之訓。但關戚里，有／惠必周；即属路人，亦矜無告。薰德而善者，遵矩無異嚴師；不和其／室者，畏聞真如打市。婦人女子，聞風景慕。情根固於凡邑，賢士大／夫同舌稱賢，聲翼飛於通都。知藥褁而関心，驚婺落而墮足。此寔／彰耳目而難欺，承／絲綸以無愧者。爾生不忝，我無過傷。唯追午夜温經，膚粟覓火。而長日／之膳，啖薺留脂。藏吾親三浣布衣，示戒作法於奢藥。我生一味，／蹤言常提，守瓶惟謹。恐継今難淂惜福人，而終身不淂聞規瑱語／矣。言出慟来，肝隨顋裂。宜人生萬曆九年五月三日，終崇禎六年／正月三日，葬則十五年十一月十八日也。宜人歿渝年始舉□□／唐令九齡，歷歷皆其默相者也。孰是存歿無間，有如是者乎！噫□！／

漕史、叅□政事、文部郎期服夫張國紳抆淚撰。／

孝子張大唐立石，／長安趙璧鐫字。

九十七、黃聰墓誌

江夏黃公墓誌銘并序／

江夏黃公，汝水人也，諱聰，年五十有八，偶拎庚／子之歲王三月蓂生五葉，忽染疾而喪耳。故落／天而知命，德行殊異，為本縣之吏首也，乃縣之／民，無不皆為善耳。公之兄第，龜龍麟鳳。公之／末也，而前婚戴氏故不幸而喪之早矣。有子仁／壽，少俊殊等，早儒雅，後孤立而退志，實為鄉／黨之所傳也。公復再媾丘氏，夫何青鸞獨立，／玄鸞孤飛，致恨公之早弃耶。伏於其年十有／一月二十日吉晨，帰乎山宅。居宅之東南松栢／森羅，寒泉瀝瀝，為骨肉之痛心乎。僕儒門之／子西，為親戚不慚薄技，故為銘耳。／

江夏之子，為人最靈。德行殊異，／仁義尤洣。民之所慕，人之所欽。／夫何疾苦，白日西沉。親踈傷痛，／骨肉酸心。／既有生而有死，安無古而無今。／公之䰟兮無蹤跡，公之墓兮在嘉林。／千年万年何所感，風清瀝瀝孤䰟吟。

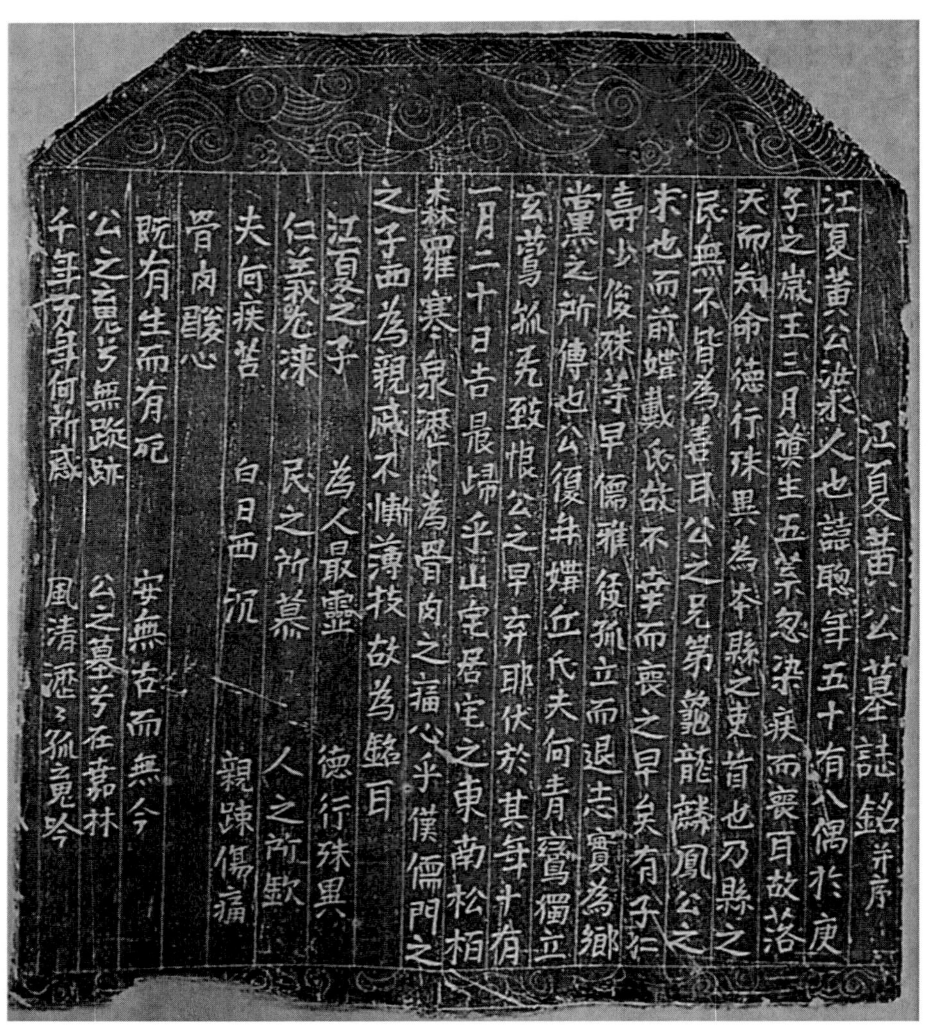

九十八、史翁張氏合葬墓誌蓋

篆書四行：明故祖考／史翁配祖／妣張氏合／葬墓誌銘

九十九、張公崔氏合葬墓誌蓋

篆書五行：明誥封恩／榮壽官崇／山張公夫／人崔氏合／葬墓誌銘

參考文獻

1. 周峰編：《貞珉千秋——散佚遼宋金元墓誌輯録》，甘肅教育出版社，2020 年。
2. 周峰編：《散見宋金元墓誌地券輯錄》，花木蘭文化事業有限公司，2021 年。
3. 周峰編：《散見宋金元墓誌地券輯錄二編》，花木蘭文化事業有限公司，2021 年。
4. 周峰編：《散見宋金元墓誌地券輯錄三編》，花木蘭文化事業有限公司，2022 年。
5. 周峰編：《散見宋金元墓誌地券輯錄四編》，花木蘭文化事業有限公司，2022 年。
6. 周峰編：《散見宋金元墓誌地券輯錄五編》，花木蘭文化事業有限公司，2022 年。
7. 周峰編：《散見明代墓誌地券輯錄》，花木蘭文化事業有限公司，2022 年。